Set Arrange Recipe Book

9分で！くずれない！セットアレンジ

レシピブック

はじめに

早くつくれて、くずれないアップ&アレンジを習得したい方へ。

このレシピブックには、スタイルブックに掲載した全48スタイルの詳しい技術解説をはじめ、時短&クオリティアップにつながるエッセンスを凝縮したさまざまな企画を盛り込んでいます。ヘアセット専門店ならではのシンプルで効率的なセットアレンジ（※）テクニックには、これまでの美容技術に新しい風を吹き込むヒントがたくさん詰まっています。おしゃれでくずれにくいセットアレンジデザインを短時間で提案し、より多くのお客さまに喜ばれる美容師になりませんか？

「セットアレンジ」とは？

本書では、セットアレンジ＝「きちんと上がったアップスタイルからハーフアップ、カジュアルなアレンジスタイルなども含む総称」として使用しています。

Contents

Introduction

時短＆くずれない セットアレンジのおさえどころ

仕込みのホットカーラー巻きは３分、仕込み後の施術時間は原則10分未満――短時間でつくることができ、しかもくずれないセットアレンジの秘密とは？　詳しくひも解いていく前に、まずはアトリエはるかでの施術のカギを解説します。

Point 1 最小限の道具で“迷わない”

使う道具は最小限に絞り込み、用途に応じて使い分ける。施術効率を考慮し、セット＆アップの施術で多用されるブラシやすき毛などは使わない。厳選した道具を、技術者が手にとりやすい位置にあらかじめセッティングした上で施術を行なうことが、時短につながる。

セットアレンジで使う道具リスト

仕込み

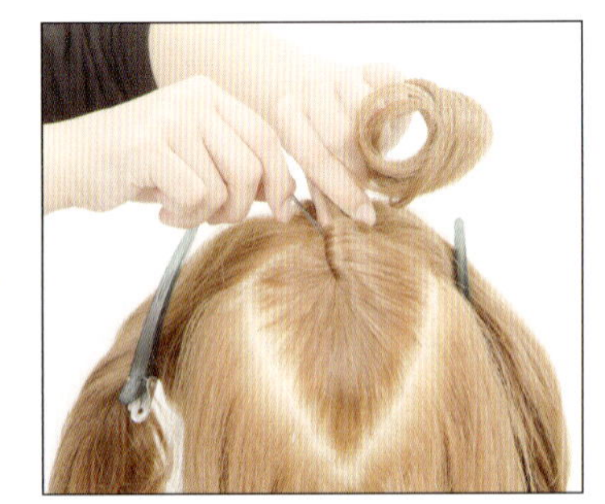

施術

仕上げ

ホットカーラー
▶巻き方は６ページへ

- **ピン**
- **テールコーム**
- **ダックカール**
- **シリコンゴム**
- **黒ゴム**

ホットカーラー
（ストレートアイロン）

毛束を分けとる時、シェープする時、逆毛を立てる時など、テールコームが大活躍。道具を統一することで、ブラシに持ち替える手間も省ける

お客さまの肌に触れてヤケドになるトラブルを防ぐため、カールアイロンは使わない。仕込みはホットカーラーのみ、仕上げもホットカーラーがメインで、まれにストレートアイロンを使う程度

Point 2

"結ぶ"よりも"留める"がメイン よりシンプルな技術を選択

黒ゴムで結うよりも、なるべくピンで留める。ボリュームを出す時には、すき毛は使わずコームで逆毛を立てる——施術のあらゆる場面で、なるべく簡単で時間のかからない技術を使用。そのかわり、最も使う場面が多く、くずれにくさに直結するピニングのテクニックなどに関し、アトリエはるかでは厳しい訓練を重ねて習得している。（→ピニングの詳細は 10 ページへ）

ゴムは、簡単に結べるシリコンゴムをメインに使用

必要に応じて強度のある黒ゴムも使う

ピンが留まりやすいよう、土台をつくることが多い

Point 3

4つのベーシックを習得・共有

「カール」「かぶせ」「編み込み」「ツイスト」からなる4つのベーシックを掲げ、デザイン構成の礎としている。スタイルブック掲載の 48 スタイルも、ほぼすべてがこの 4 つを組み合わせたものである。

カール

カールでシルエットをつくるスタイル。バックに集めた毛先を散らし、バランス良くカールを配置する

▶詳しくは 12 ページへ

かぶせ

トップの毛束をバックにかぶせてつくるスタイル。バックは左右の面を抱き合わせにし、逆毛を立てたトップの毛束をかぶせる

▶詳しくは 14 ページへ

編み込み

毛束を編み込むテクニック。表三つ編み込み、裏三つ編み込み、フィッシュボーン編み込みなどがよく使われる

▶詳しくは 16 ページへ

ツイスト

2本の毛束をねじって交差させるテクニック。使用頻度が高いため、編み込みとは別立てしている

▶詳しくは 18 ページへ

カーラー巻きを3分で

まずは！

カールローションを使って下ごしらえ

カールローションを中間～毛先に軽く湿らせる程度に塗布する。カールローションを使うことでしっかりクセをつけ、持ちを良くする。

時短 POINT

内側はカーラーでとかす

シェープは表面に１回のみ。
内側はシェープの代わりに、カーラーでとかすようにしてパネルを引き出す。

時短ワザ！ プラス ONE

Q. 短い毛が落ちる時は？

A. 短い毛束は指で巻きつけます。

レイヤーが入った短い毛などはコームで拾いながら巻き込むと時間がかかります。カーラーからこぼれ落ちないよう、指でカーラーに巻きつけると速く施術ができます。

巻き上がりを CHECK！

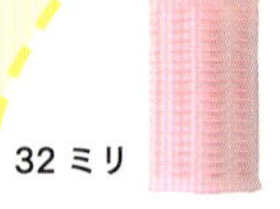

32ミリ

30ミリ

25ミリ

使うカーラーは３つ。

ベーシックな巻き方

ほとんどのスタイルに適する基本の巻き方。ロッド径は、オーバーが30ミリ、アンダーが25ミリ。

ホットカーラーによる仕込みにも、スピーディーに進めるコツがたくさんあります。
時短かつ、きれいな仕上がりに導くベースづくりを紹介します。

時短 POINT

テンションをかけて巻きつける

しっかりテンションをかけると、髪がたるまずに速く巻ける。

時短 POINT

スライスは何度もとり直さない

カーラーの幅に合わせ、コームのテールと指を頭皮にしっかりつけて、1（縦）、2（横）の動きでスライスをとり、パネルを引き出す。

時短ワザ！ プラス ONE

動きをしっかり出したい時は？

A.　ツイスト巻きにします。

トップや表面に動きを出したい時は、毛束をねじってからカーラーに巻きつけます。表面にウエーブ状の動きを出せます。

ツイスト巻きを使ったスタイル例

トップにウエーブ状のふんわりとした動きが出ている。

サイドアップ向けの巻き方

下の写真は左サイドに寄せるスタイル向け。ロッド径はすべて 30 ミリ。

ハーフアップ向けの巻き方

ロッド径はオーバーが 30 ミリ。アンダーは 32 ミリを使用し、ダウンステムで巻く。

スタイリング剤とくずれないポイント

コレだけ！

使うスタイリング剤は３点

カールローション（左）※とハードスプレー（中央）、ワックス（右）の３点を効率的、効果的に使ってくずれないスタイルをつくります。
※カールローションの使い方はP6を参照

最強パートナーは
ハードスプレー

くずれないPOINT 施術前に

全体にプレスプレー
毛束をほぐしながら、表面に軽くハードスプレーを吹きつける。トップは上から、アンダーは下から吹きつける。毛束を持ち上げ、根元から中間にかけて施す。

くずれないPOINT 施術中に

落ちやすいネープに
えりあしをしっかり上げるスタイルでは、ネープの毛束を持ち、持ち上げた方向に向けてスプレーする。これにより短い毛が落ちてくるのを防ぐ。

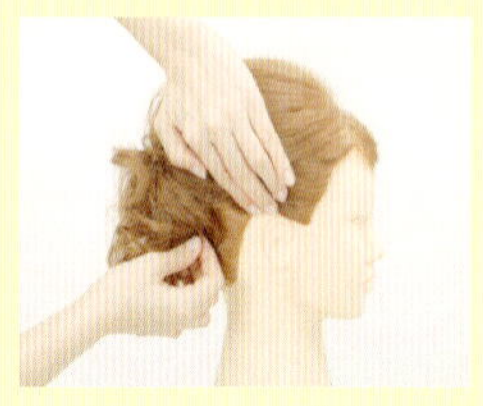

落ちやすい耳上に
スプレーを指に吹きつけて、毛束になでつける。剤が耳にかからないうえ、液状になることでキープ力アップ。

逆毛を立てにくい髪に
逆毛を立てにくい健康毛などは、根元～中間剤が集中しないようにスプレーを左右に振ってまんべんなく施してから逆毛を立てる。しっかり逆毛が立つことで、フォルムも決まりやすくなる。

くずれないPOINT 仕上げに

散らしたカールに
散らしたカールをキープさせるために、至近距離でカールめがけてスプレーする。

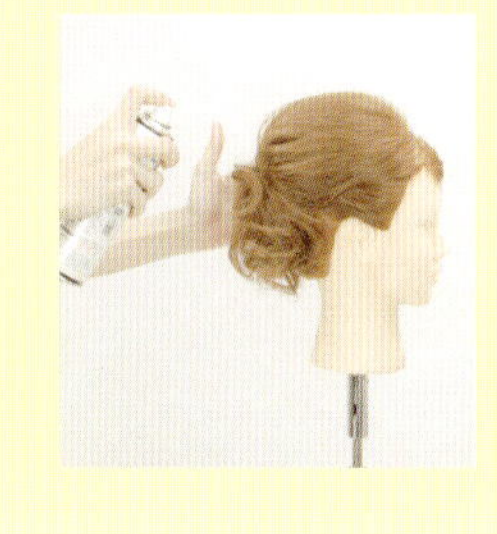

全体に
セット後、全体にスプレーを吹きつけて完成。剤が顔にかからないように手を添えて。

くずれないスタイルづくりに欠かせないスタイリング剤。
髪を扱いやすくし、完成したスタイルをキープする効果的な使い方を紹介します。

編み込みには
プレワックス

くずれないPOINT

ホットカーラーで巻いた後、ワックスを塗布する。編み目から毛が出てくるのを防ぎ、まとまりよく仕上がる。

毛束をバック側で一束に持ち、中間～毛先にワックスをなじませる。

毛が落ちやすいえりあしには根元からなじませる。

髪が落ちやすい耳上の生え際にもワックスをなじませる。

表面に手グシを通すようにして、残ったワックスをなじませる。

あらかじめワックスをつけておくと編みやすく、きれいに仕上がる。

前髪の毛流れに
仕上げワックス

くずれないPOINT

顔の印象を左右する前髪は、最後の仕上げが重要。ワックスで毛流れをしっかりキープ。

セット後、毛先に少量のワックスをなじませる。

毛流れがつきやすく、落ちにくくなる。

くずれないためのピンの使い方

まずは！

ピニングの基本パターンを演習

ピニングの基本となる左右のねじりと、抱き合わせのピニングパターンをひととおり練習します。

右ねじり

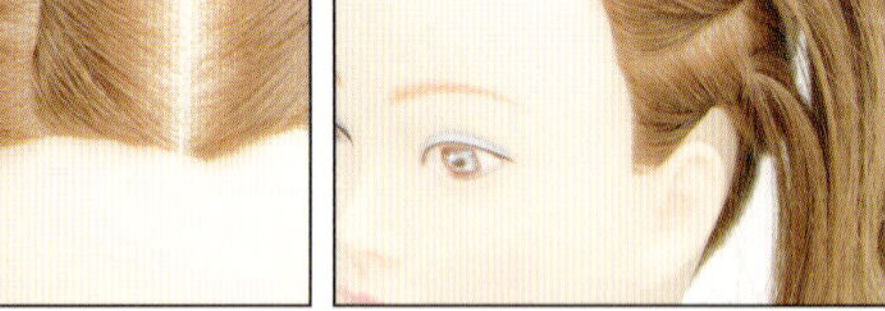

左ねじり

抱き合わせ

くずれない POINT

右ねじりは右からさす

毛束を右にねじる場合は右側にピンをさす。ピンが浮かず、しっかりと固定される。

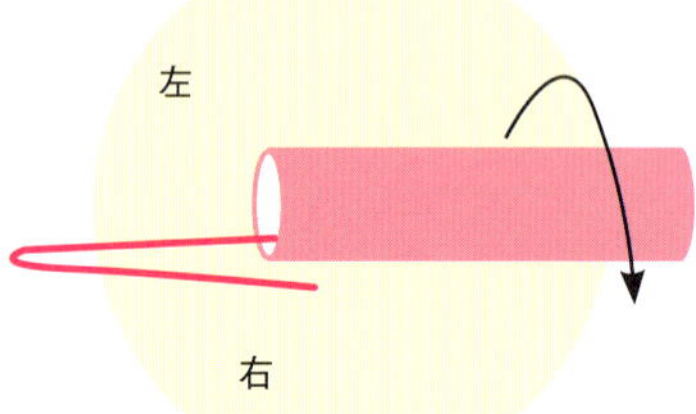

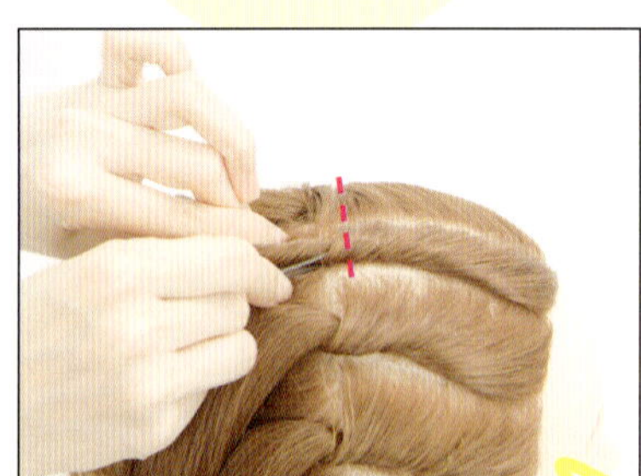

くずれない POINT

左ねじりは左からさす

毛束を左にねじる場合は左側にピンをさす。右ねじりは右に、左ねじりは左に、と覚えよう。

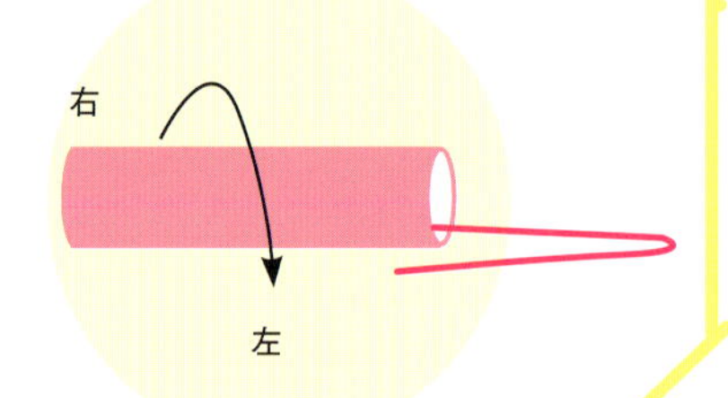

くずさないワザ！ プラス ONE

長いピン先は頭皮に沿わせる

ねじり終わりの位置に、短いほうのピン先を巻き込んだ毛束の中心に差し込みます。長いほうのピン先は頭皮に沿わせると浮かずに固定されます。

長いほうを頭皮に沿わせる

[くずれないセットアレンジは、正しいピニングにかかっています。
ピンをしっかり固定させ、時間が経っても浮かず、くずれない留め方をマスターしましょう。]

くずさないワザ！ プラス ONE

Q. ねじり留めにはどのピンを使う？

A. アメリカピンを使います。

ねじり留めでは、毛束を固定しやすいアメリカピンを使用。波型は毛束に留まりやすく、玉無しタイプは先が出っ張らないのでねじり上げに向いています。

くずれない POINT

抱き合わせのピニングはポジショニングが重要

右利きの場合、左右の面を重ねて抱き合わせにするときは、お客さまの正面側に回り込んでピニングを。
ねじりの位置とピンをさす位置を目で確認しながらピニングする。

抱き合わせ左サイド

抱き合わせ右サイド

くずさないワザ！ プラス ONE

ねじった毛束をしっかり押さえ込む

抱き合わせでねじり上げた毛束は、指でしっかり押さえ込みます。ねじり目を親指で押さえながら人差し指の腹を押す要領でピニングします。

4つのベーシック これだけは！

基本① カール

カールでシルエットをつくるスタイル。
バランスがカギになるスタイルも、目安とコツさえおさえればスピーディーにシルエットが決まります。

1

ゴールデンポイントと耳上を結ぶイヤーツーイヤーで前後に分ける。

バランス POINT

時計の角度を参考にする。

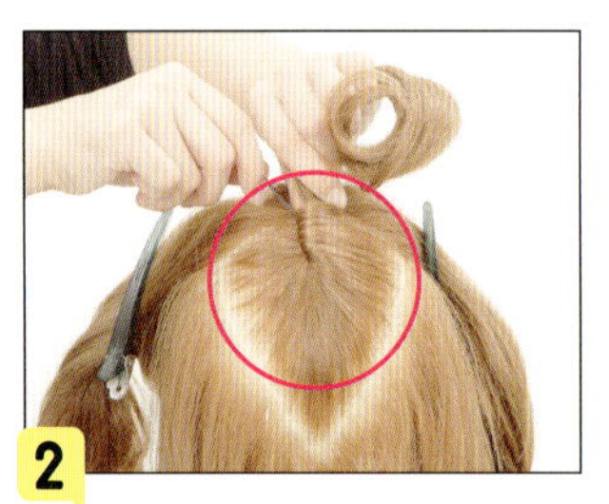

2

バックにぼんのくぼを頂点とする逆三角形ベースをとる。毛束を時計回りにねじり上げ、12時の位置で、アメリカピンを上から下に差し込み固定。土台にする。なるべく1本でピニングし、多くても2本のピンで留める。

3

バックの毛束を左右に2等分する。左の毛束をとり、土台と並行の斜めスライスで上下2つに分ける。

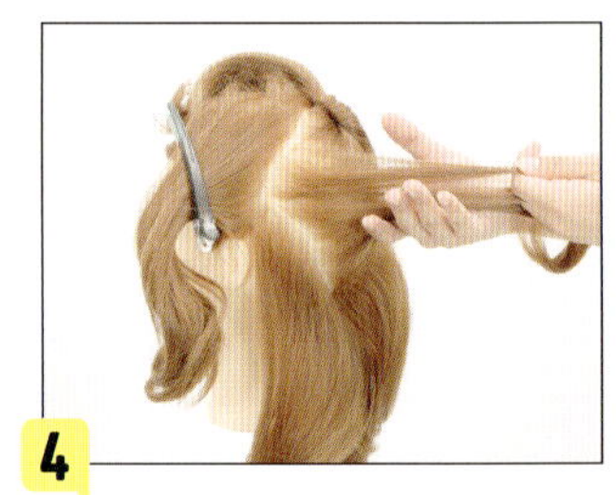

4

土台に近い上側の毛束をとり、手グシでとかしながら面を整える。

バランス POINT

残す毛先は平均的な手の長さを目安にする。長い場合は再度ねじって12時の位置でピニングを。

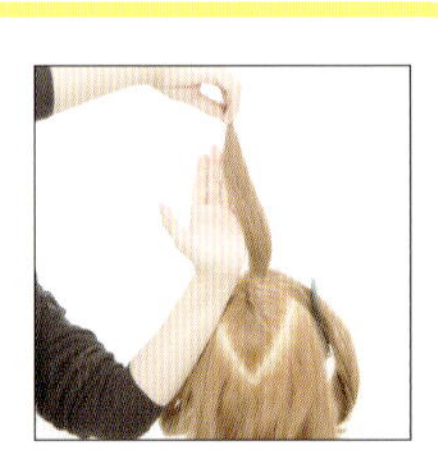

5

④の毛束を2時の方向へ2回ねじり、2時の位置でピニングする。

6

右サイドも同様に、土台に近い上の毛束をねじり上げ、10時の位置でピニングする。

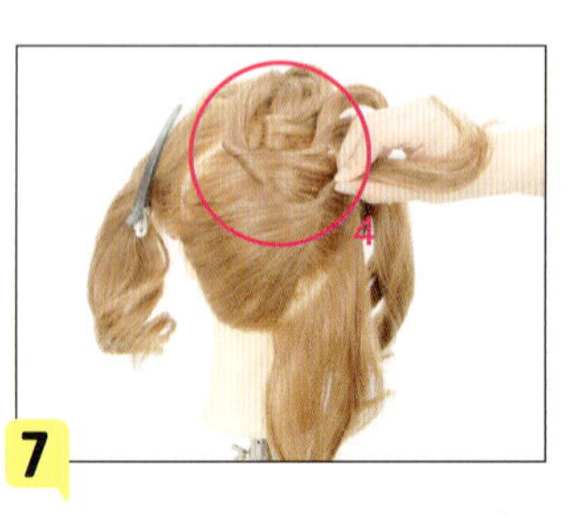

7

左下の毛束を持ち上げ、手グシでとかしながら面を整える。4時の方向へ2回ねじり、4時の位置でピニングする。

8

同様に、右下の毛束をねじって10時の位置でピニング。

バランス POINT

バックのピニングでは、それぞれの毛束を留める位置が星型の頂点にくるように意識する（写真右）。すべての毛先の長さが均等になるように調整する。

9

左サイドの毛束を、前後に分ける。

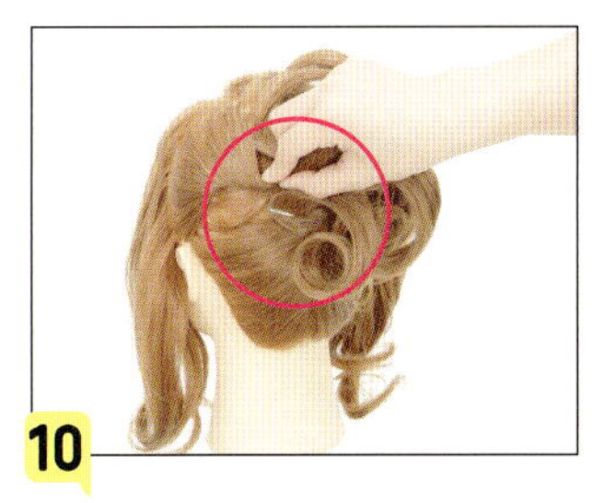

10

⑨で分けたバック側の毛束を11時の位置に向かってねじり、バックのすきまを埋めるようにピニング。

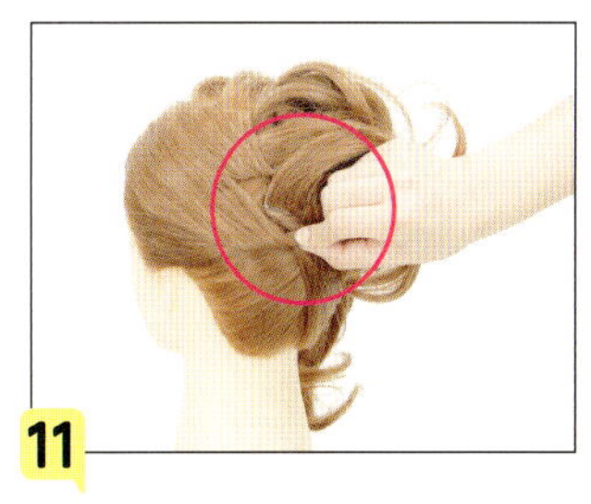

11

左サイドの前側の毛束を7時の位置にピニング。

12

右サイドも同様に施術し、5時の位置にピニング。

13

留め終えた段階で左右対象、シルエットがひし形になる状態が理想的。

14

ピニング後、残った毛先を上下2つに分け、下側の毛束をさらに2〜3等分にする。

15

⑭で分けた下側の毛束の根元・内側にそれぞれ逆毛を立ててボリュームを出す。

16

⑮で逆毛を立てた毛束を左右に分け、交差させる。根元側のすきまを埋めながら、ねじり合わせてふわっとしたカールを形づくる。⑭で分けた上側の毛束も同様にして、バックのフォルムをカールで構成していく。

17

アンダーなど、カールがダレやすい部分は、カールの内側をピンで留めて固定。

18

フォルム調整をする。ボリュームが出すぎている部分はピンでおさえたり、凹んだ箇所には逆毛を立ててボリュームを出す。

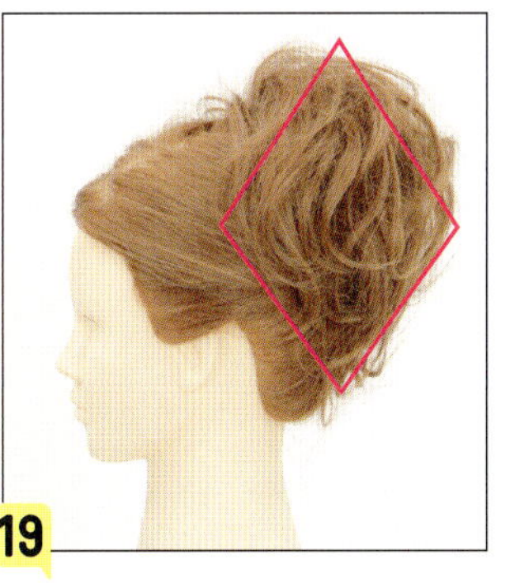

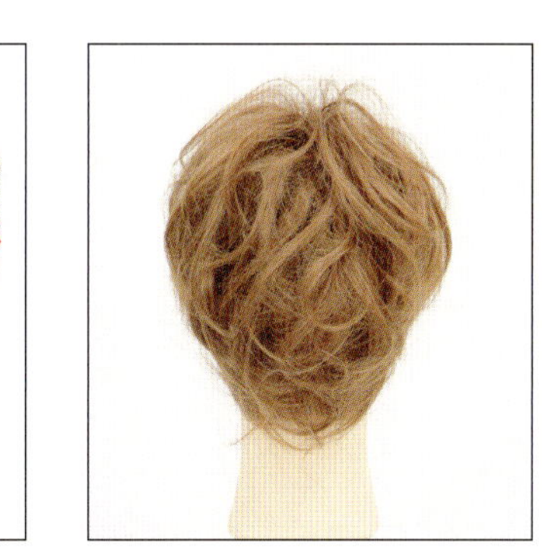

19

前後から見て、サイドからはカールの部分が、ひし形のフォルムになるようにする。

時短ワザ！ プラスONE

道具を厳選

基本①〜④のいずれでも、使用するアイテムは、原則、ピン、テールコーム、ダックカール、黒ゴム、シリコンゴムのみ。ブラシやすき毛は使わない。選択肢を減らすことで作業効率がアップ。

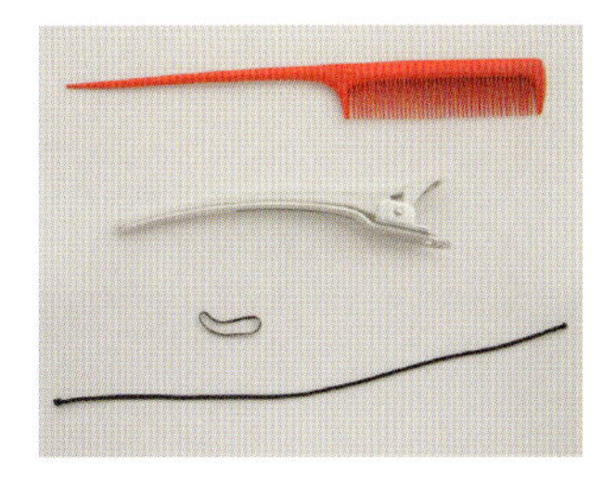

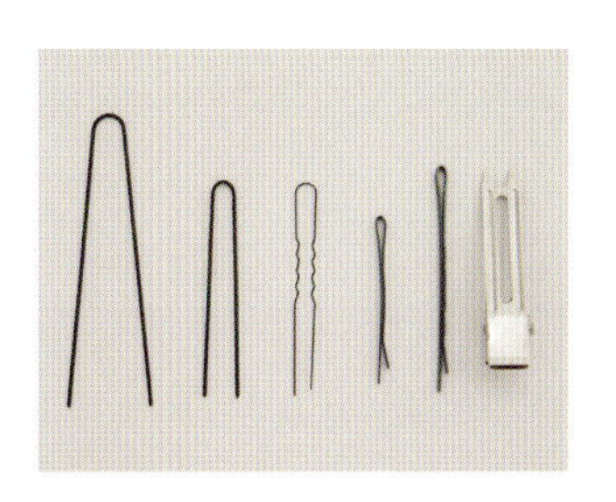

4つのベーシック これだけは！

基本② かぶせ

トップの毛束をバックにかぶせてつくる、「かぶせ」のスタイル。ブラシは使わず、コームをフル活用して時短につなげます。

1

ゴールデンポイントと耳上を結ぶイヤーツーイヤーで前後に分ける。

2

バックに、ぼんのくぼを頂点とする逆三角形ベースをとる。毛束を時計回りにねじり上げて12時の位置でピニング。土台にする。アメリカピンを使用し、上から下へ差し込む。なるべく1本、多くて2本で留める。

3

バックの毛束を左右に分け、左バックをさらに上下に分ける。上側を2～3パネルに分け、内側の根元～中間に軽く逆毛を立てる。面をつなぎ、きれいな丸みをつくるのが目的。

4

フロント側はさらに軽めに逆毛を立てる。表面に逆毛が出ないように注意し、シルエットに自然な丸みを出す。

5

③～④で逆毛を立てた左バックの毛束を斜め上へシェープ。コームで面を整えながら右上へ方向づける。

6

⑤でシェープした毛束を右上でねじってピニング。毛先は逃がす。

7

トップの毛束を分けとり、仮留めしておく。

8

左サイドの毛束を後方へ引き、バックの面の毛流れに合わせてコームでとかしつける。

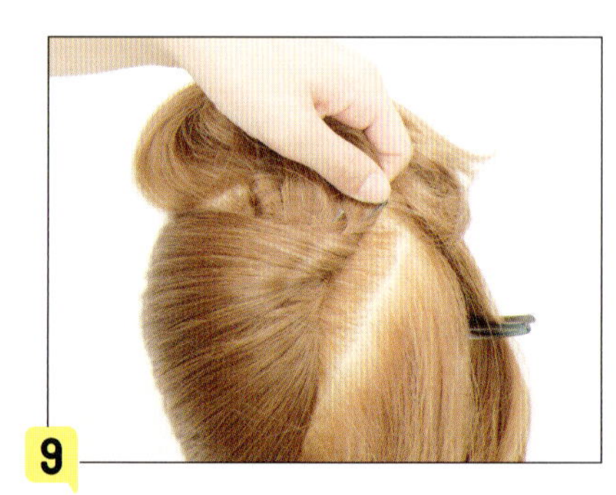

9

⑧の毛束をバックでねじり上げ、毛先を逃がして土台にピニング。

10 右バックの毛束を左上へねじり上げてピニング。毛先は逃がす。

11 右サイドの毛束を後方へ引き、バックの面の毛流れに合わせてコームでとかしつける。⑩で右バックの毛束を留めた位置付近でピニング。毛先は逃がす。

12 バックとサイドを留めて残った４つの毛先を、土台の上で平たく丸め、四方からピニングして固定する。

コーム使いの POINT

面を重ねてねじり上げた部分がきれいな斜めのラインになるようにコームのテールを添えてねじり上げる。

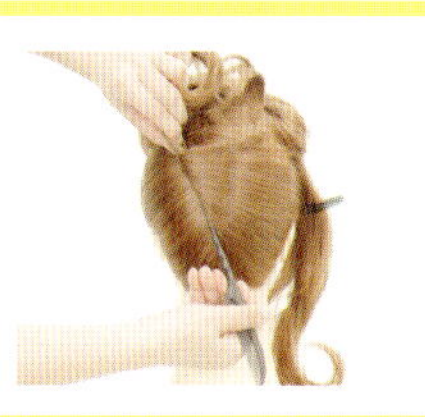

コーム使いの POINT

コームを立ててとかすと逆毛によるボリュームが損なわれてしまうので、必ず寝かせてコーミングする。

13 トップは５パネルに分け、それぞれ中間～毛先の内側に逆毛を立てる。

14 逆毛を立てたパネルを、バック側からひとつずつ広げて、後方にかぶせていく。フロント側まで同様に施術。

15 表面はコームを倒し、バックの面がつながるように軽くとかして毛流れを整える。

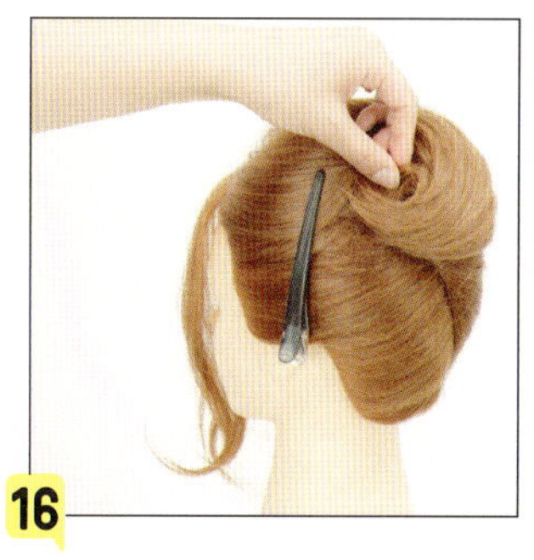

16 毛先はループ状に巻き込み、ピニング。

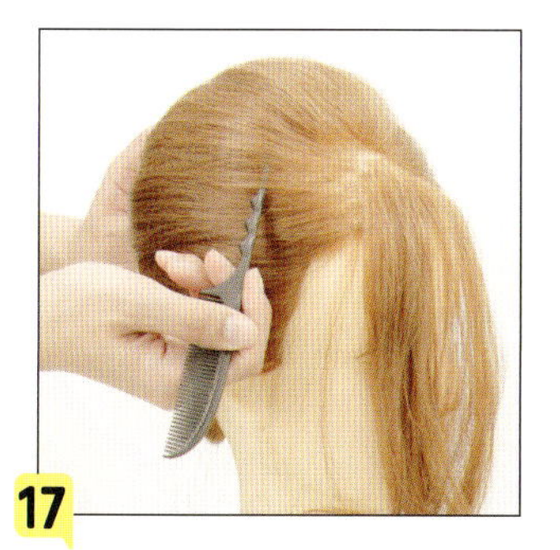

17 凹んでいる箇所はコームのテールを入れて内側から毛束を引き出し、フォルムを調整する。

18 前髪はトップの毛流れに合わせてサイドに流す。長い場合はピニングし、短ければワックス等で固定する。

19 仕上がり。

4つのベーシック これだけは！

基本③ 編み込み

編み込みでデザインするスタイル。
3つの編み方をマスターして、それぞれの持ち味をデザインに生かしましょう。

表三つ編み込み

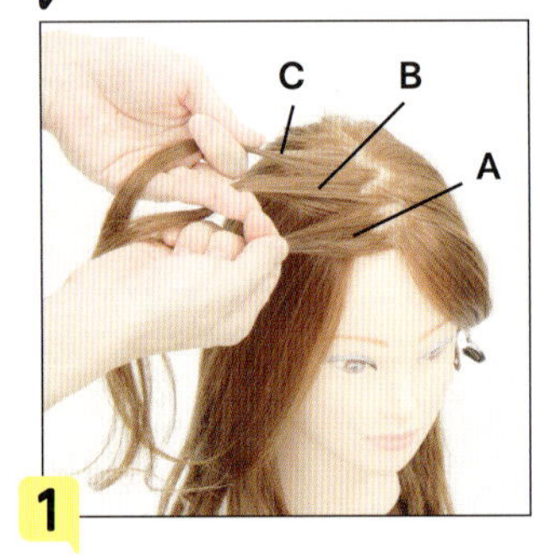

1
フェイスラインから1センチ幅のスライスを3つとる。フロント側からそれぞれA、B、Cとする。

2
右の毛束Aを中央の毛束Bの上に重ね、交差させる。

3
左の毛束CをAの毛束の上に重ね、交差させる

4
3本の毛束を左手で持ち、右側から新しい毛束をすくいとる。

5
④ですくった毛束を、毛束Bと合わせる。

6
⑤で合わせ持った毛束を、毛束Aの上に重ねて交差させる。

7
3本の毛束を右手に持ち、左側から新たな毛束をすくいとる。

8
⑦ですくった毛束を、毛束Bの上に重ねて交差させ、毛束Aと合わせる。

9
以降、④〜⑧と同様に、右側と左側からそれぞれ毛束をすくいとり、編み進めていく。

10
すくう毛束がなくなったら三つ編みにして毛先まで編み進める。

11
毛先から毛束を引き出して編み目をゆるめる。根元側は編み込まれているので、毛先側からのほうが引き出しやすい。

くずさないワザ！ プラスONE
初めからルーズに編み込むとくずれやすいので、きっちり編み込んでからくずすようにする。

裏三つ編み込み

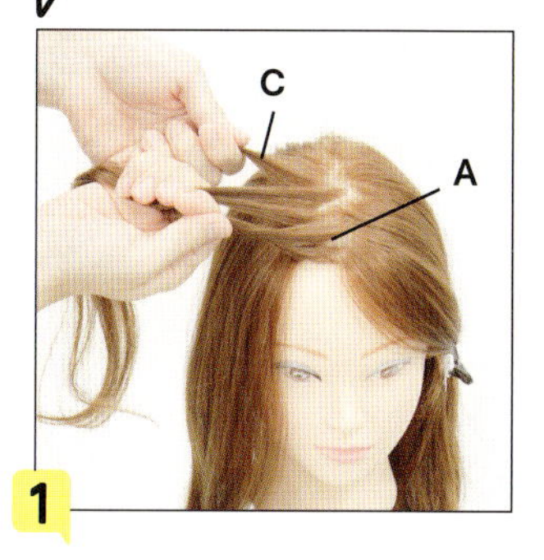

1

フェイスラインから1センチ幅のスライスを3つとる。フロント側からそれぞれA、B、Cとする。

2

右の毛束Aを中央の毛束Bの下に重ね、交差させる。

3

左の毛束CをAの毛束の下に重ね、交差させる。

4

3本の毛束を左手で持ち、右側から新しい毛束をすくいとる。

5

④ですくった毛束を、毛束Bと合わせる。

6

⑤で合わせ持った毛束を、毛束Aの下に重ねて交差させる。

7

3本の毛束を右手に持ち、左側から新たな毛束をすくいとる

8

⑦ですくった毛束を、毛束Bの下に重ねて交差させ、毛束Aと合わせる。以降、④～⑧の手順で編み進めていく。

9

すくう毛束がなくなったら裏三つ編みにして毛先まで編み進める。編み終わったら毛先から毛束をゆるめる。

編み込み使いのPOINT

表編み込みは、かわいらしく甘い印象。裏編み込みは、立体的で華やか。
フィッシュボーンは、甘すぎず個性的。シーンや似合わせによって使い分けて。
※写真は編み目をゆるめる前の状態

表編み込み

裏編み込み

フィッシュボーン

フィッシュボーン編み込み

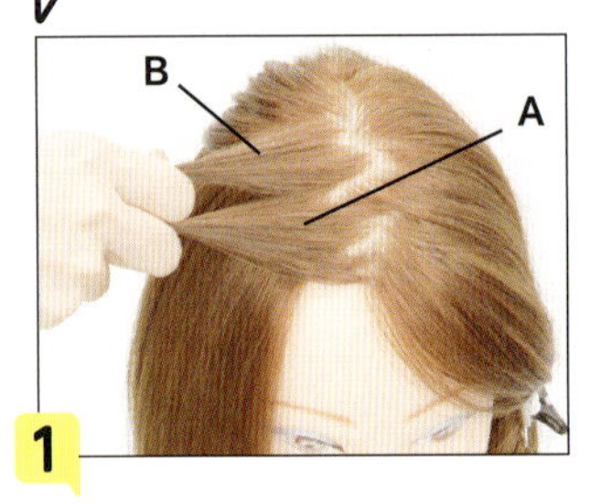

1

1センチ幅のスライスを2つとる。

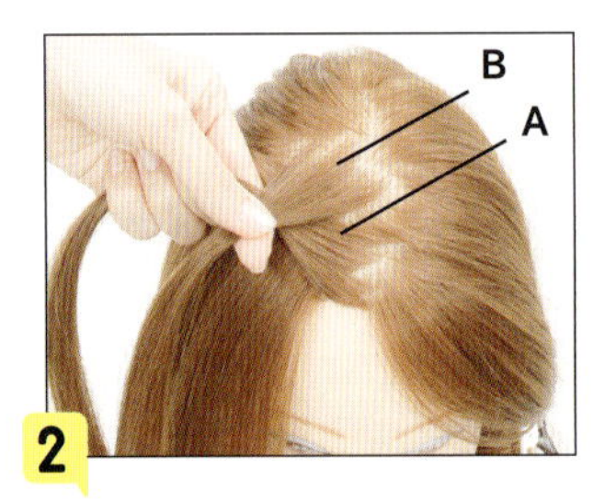

2

毛束Bを毛束Aの上に重ねて交差させる。

3

右側から少量の毛束をすくう。

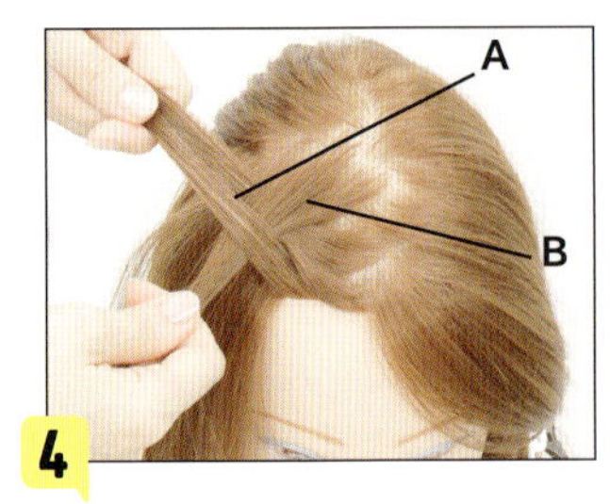

4

すくった毛束を毛束Bの上から交差させて重ね、毛束Aと合わせる。

5

左から毛束をすくう。

6

右の毛束の上に重ねて、Bの毛束と合わせる。

編み込み使いのPOINT

編み目が大きいと表編み込みと変わらなくなるので、すくう毛束を薄くとるのがポイント。

7

同様にすくう毛束がなくなるまで、繰り返す。

8

すくう毛がなくなったらフィッシュボーン編みにする。右の毛束の右端から細い毛束を分けとる。

9

残った右の毛束の上に交差させて、左の毛束と合わせる。

10

同様に左の毛束の左端から細い毛束を分けとる。

11

残った左の毛束の上に交差させて、右の毛束と合わせる。

12

同様に毛先まで編み進める。編み終わったら毛先から毛束を引き出して編み目をゆるめる。

4つのベーシック これだけは！

基本④ ツイスト

2つの毛束をねじって交差させるツイスト。簡単で頻繁に使われるテクニックなので、編み込みとは別に、4つめのベーシックを紹介します。

ツイスト編み

1 毛束を2つに分けて持つ。

2 毛先を半回転させてねじる。※右手で持った毛先は右に、左手で持った毛先は左にねじる。

3 ねじった2つの毛束を交差させてさらにねじる。同様に毛先まで繰り返す。

4 毛先から毛束を引き出してゆるめる。

ツイスト編み込み

1 1センチ幅のスライスを2つとる。

2 2つに分けた毛束を交差させる。

3 右から毛束をすくいとる。

4 左の毛束と合わせる。

5 ④で右手に持った毛束を右にねじる。

6 2つの毛束を交差させる。

7 左右から交互に毛束をすくって同様に編み込んでいく。すくう毛束がなくなったらツイスト編みにして毛先まで編み進める。

8 毛先から毛束をつまんで引き出し、編み目をゆるめる。

お呼ばれセットアレンジ
技術解説集

ここからは、スタイルブックに掲載した全スタイルの技術解説集です。すべて、仕込み後の施術時間が９分を目安につくれるものです。ウイッグを使って練習し、実際にタイムを計ってみるのも良いでしょう。

INDEX

12～19ページで紹介した、4つのベーシック「カール」「かぶせ」「編み込み」「ツイスト」のどれが使われているかを表示

各スタイルにつき1ヵ所、ヘアをくずれなくするテクニックポイントを掲載

RECIPE 4

スタイルブック▶15ページへ

TECHNIGUE

編み込み ｜ ツイスト

BEFORE

AFTER

FRONT　LEFT　RIGHT　BACK

PROCESS

1 前髪とフロントの毛束をジグザグスライスで分けとる。右サイドの毛束を分けとる。

2 トップから後頭部に向かって表三つ編み込みにする。途中で毛束を引き出して、編み目をゆるめる。

3 左サイドから左ネープに向かってツイスト編み込みにする。

4 編み込みとツイストの毛束を合わせ持ち、バックセンターで結ぶ。毛先は右下に逃がす。

ずれないポイント　土台となるシニヨンをつくる

5 一束に結んだ毛束を右耳後ろでねじり、シニヨン状にまとめてピンで留める。これを土台にして、他の毛束を留めることでくずれにくくなる。

6 前髪とフロントの毛束を、右サイドに向かってツイスト編み込みにする。

7 そのまま毛先まで編み進め、シニヨンの上へ通してピンで留める。

8 右サイドの毛束をツイストし、毛先を残してシニヨンに留める。

9 右えりあしの毛束を残しておく。そのほかの毛束はシニヨンの上に重ねて巻き込み、ピンで留める。

RECIPE 1

スタイルブック▶12ページへ

TECHNIQUE

編み込み

PROCESS

1

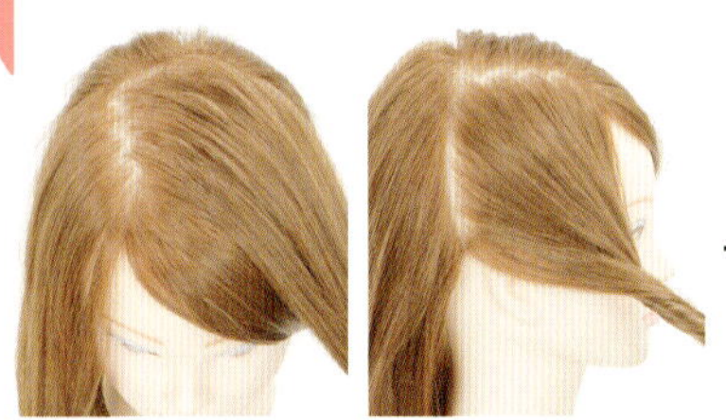

全体を3つにブロッキング。前髪の分け目に合わせた右寄りのサイドパートにし、トップから左サイドをジグザグスライスで分けとる。残りは右サイドとバックに分ける。

2

トップから左サイドに向かって、表三つ編み込みにする。毛先は三つ編みにしてゴムで結ぶ。

3

バックの毛束を左下に向かって表三つ編み込みにする。毛先は三つ編みにしてゴムで結ぶ。

4

右サイドからバックに向かって表三つ編み込みにする。毛先は三つ編みにしてゴムで結んだ後、毛束を引き出して編み目をゆるめる。

5

3本の編み込みの境目にオニピンを入れ、編み込みが浮かないようにする。

くずれないポイント **毛束を折り込む**

6

中央の三つ編みを左寄りの位置で内巻きに折り込む。こうすることで、毛束が安定する。

7

⑥の毛束を、左ネープの頭皮に沿ってピンで留める。

8

左サイドの三つ編みを右ネープへ方向づけ、毛先を内側へ入れ込んでピンで留める。

9

右サイドの三つ編みを左ネープへ方向づけ、毛先を内側へ入れ込んでピンで留める。

RECIPE 2

スタイルブック▶13ページへ

TECHNIQUE

カール

BEFORE

AFTER

FRONT LEFT RIGHT BACK

PROCESS

1

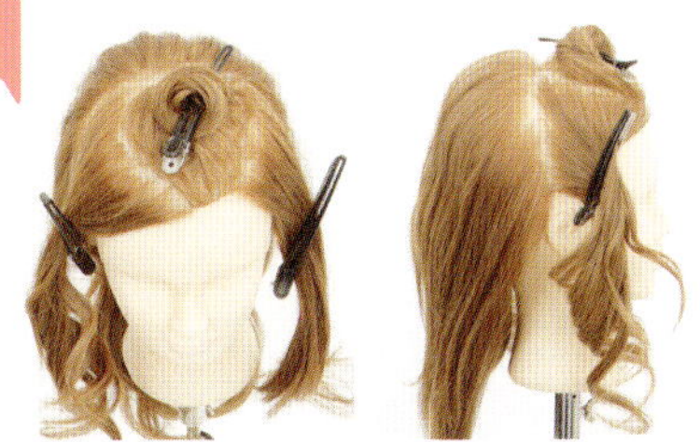

全体をフロント～トップと両サイド、バックの4つにブロッキングする。トップは握りこぶし大に設定し、フロントからサイドパートに分けとった毛束と合わせておく。

2

バックから逆三角ベースで毛束を分けとる。その毛束をねじり上げた後、毛先を残してピニング。これを土台とする。

3

土台のすぐ下からV字状に毛束を分けとる。土台に向かってねじり上げ、毛先を残してピンで留める。

4

残ったネープの毛束を左右に分ける。左ネープの毛束を右上にねじり上げ、土台の右側でピニング。毛先は残しておく。

5

右ネープの毛束を左上にねじり上げる。土台の左側でピニング。毛先は残しておく。

6

左サイドの毛束をバックへ方向づける。土台の上側でねじり、毛先を残してピンで留める。

7

フロント～トップの毛束をバックへ方向づける。土台の上でねじり、毛先を残してピンで留める。

8

右サイドの毛束をバックへ方向づける。土台の上側でねじり、毛先を残してピンで留める。

9

くずれないポイント　カールをオニピンで固定

土台に集めた毛先をほぐして、カールのフォルムがひし形になるように整える。ほぐした毛束はランダムにオニピンで留めて固定。これにより、カールがくずれにくくなる。

RECIPE 3

スタイルブック▶14ページへ

TECHNIQUE

カール

PROCESS

1

ゴールデンポイントと耳上を結ぶイヤーツーイヤーパートで全体を前後に分ける。

2

バックに三角ベースの毛束を分けとる。ベースの毛束をねじり上げ、毛先を残してピニング。土台とする。

3

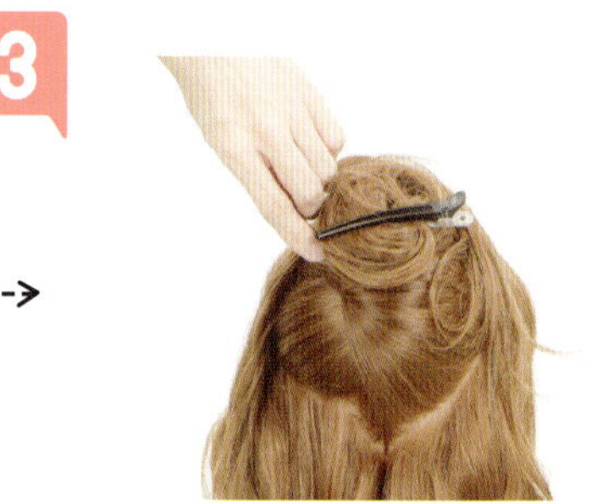

左バックの毛束を土台に向かってねじり上げ、毛先を残してピンで留めた後、右バックの毛束も同様に施術。左右抱き合わせにする。

4

左ネープの毛束を土台に向かってねじり上げ､毛先を残してピンで留める。右ネープの毛束も同様に。

5

右サイドの毛束を斜めスライスで前後に分ける。

6

⑤で分けたバック側の毛束を土台に向かってねじり上げ、毛先を残してピンで留める。毛先は左サイドへ逃がす。

7

⑤で分けたフロント側の毛束を後方に向かってシェープし、面を整える。右バックでねじり、毛先を残してピンで留める。

8

残しておいた毛先に逆毛を立て、毛流れをつけていく。

9

くずれないポイント **毛流れをネジピンで固定**

表面からピンが見えないように、中間をネジピンで留める。こうすることで、毛流れを固定することができる。

RECIPE 4

スタイルブック▶15ページへ

TECHNIQUE

編み込み	ツイスト

PROCESS

1

前髪とフロントの毛束をジグザグスライスで分けとる。右サイドの毛束を分けとる。

2

トップから後頭部に向かって表三つ編み込みにする。途中で毛束を引き出して、編み目をゆるめる。

3

左サイドから左ネープに向かってツイスト編み込みにする。

4

編み込みとツイストの毛束を合わせ持ち、バックセンターで結ぶ。毛先は右下に逃がす。

くずれないポイント 土台となるシニヨンをつくる

5

一束に結んだ毛束を右耳後ろでねじり、シニヨン状にまとめてピンで留める。これを土台にして、他の毛束を留めることでくずれにくくなる。

6

前髪とフロントの毛束を、右サイドに向かってツイスト編み込みにする。

7

そのまま毛先まで編み進め、土台のシニヨンに重ねてピンで留める。

8

右サイドの毛束をツイストし、毛先を残してシニヨンに留める。

9

右えりあしの毛束を残しておく。そのほかの毛束はまとめてねじり、シニヨンの上に重ねてピニング。

RECIPE 5

スタイルブック▶16ページへ

TECHNIQUE

かぶせ	ツイスト

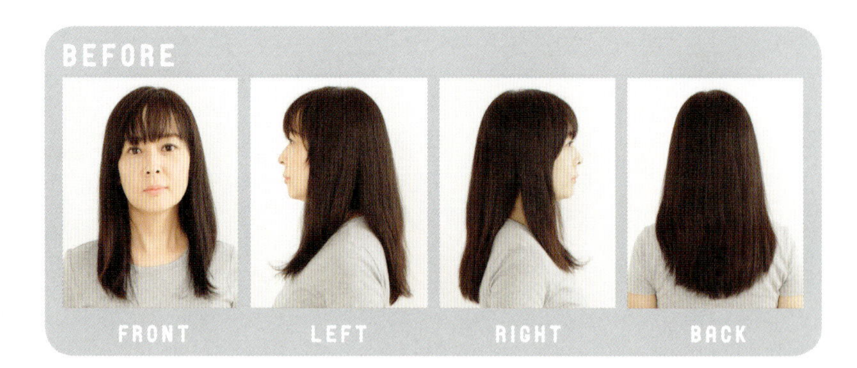

PROCESS

1

トップと両サイドの毛束を分けとる。

2

バックの毛束を右下で結ぶ。

3

トップの毛束を右側に集める。②のゴムの上でねじり、ピンで固定する。

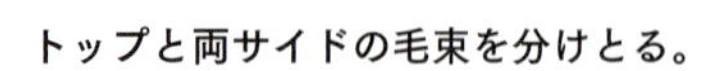

7

ツイストした2本目の毛束でも同様にシニヨンをつくり、ピンで固定する。

くずれないポイント

8 編み目にピンを打つ

ツイストの編み目に2、3ヵ所ピンを打つ。こうすることで、編んだ毛束が浮かずにしっかりと固定できる。

9

左サイドの毛束はバックに向かってツイストする。

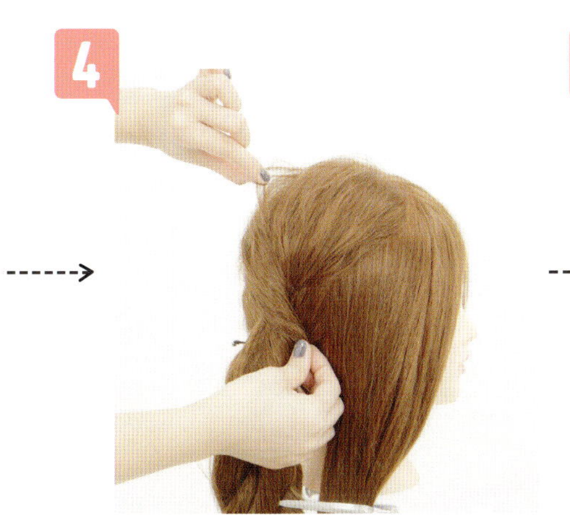

トップの毛束の表面を、つまんで引き出す。

右側に集めた毛束を2つに分け、それぞれツイストにする。

ツイストした1本目の毛束をループ状に巻き込み、シニヨンをつくる。結び目を中心にして右下でまとめてピニング。

シニヨンに沿って毛束を配置し、ピンで留める。

右サイドの毛束も同様にしてツイストし、シニヨンに沿ってピンで留める。

ボリュームがほしい部分は細く毛束を引き出し、シニヨンのバランスを整える。

RECIPE 6

スタイルブック▶17ページへ

TECHNIQUE

カール	かぶせ	編み込み

PROCESS

1

全体をトップと両サイド、バックの4つにブロッキング。右側は右耳上のサイドの毛束を分けとる。左側は左サイドから左ネープまでの毛束を分けとる。

2

バックの毛束を右バックで時計まわりにねじり上げ、毛先を右サイドに逃がしてピンで留める。

3

フロントからトップポイントにかけて2パネルに分ける。トップにボリュームを出すため、毛束の内側、中間から根元に逆毛を立てる。

4

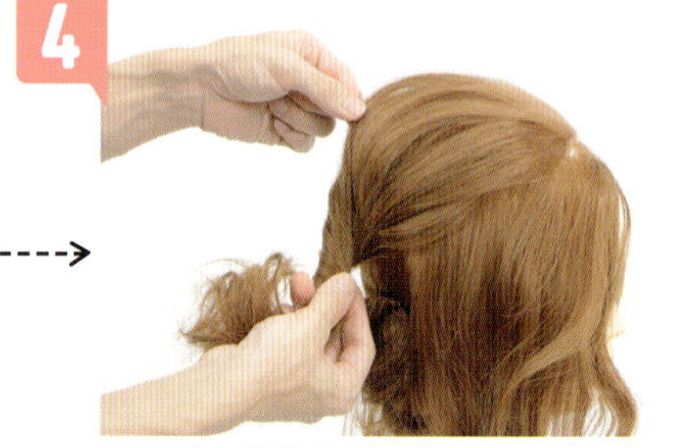

トップの毛束をバックにかぶせてねじる。表面の毛束をつまんでルーズなニュアンスをつける。

5

かぶせた毛束は、②のねじり目の右側で毛先を残してピンで留める。

6

右サイドの毛束を後ろに方向づけてねじり、⑤のねじり目の左側で毛先を残してピンで留める。

7

左サイドから左ネープにかけて裏三つ編み込みにする。

8

⑦の毛先はゴムで結ばずに、右バックに集めた毛先のカールと重ねるようにしてピンで留める。

くずれないポイント　カールに逆毛を立てる

9

集めた毛先のカール部分に逆毛を立ててボリュームを出す。逆毛を立てることでカールが固定され、くずれにくくなる。

RECIPE 7

スタイルブック▶18ページへ

TECHNIQUE

カール	ツイスト

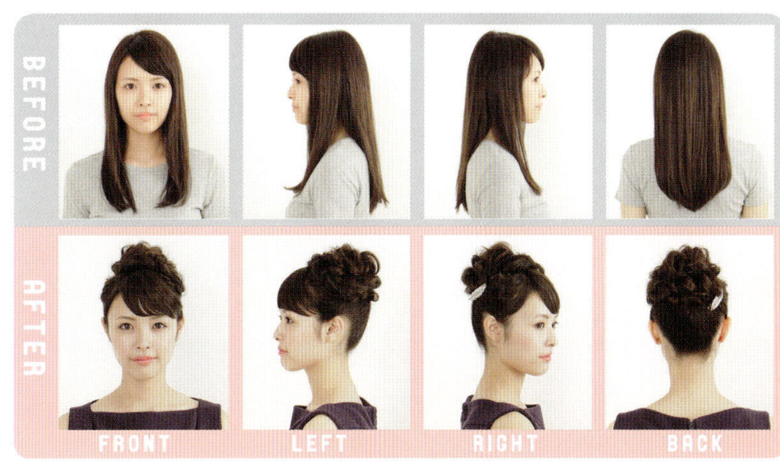

PROCESS

1

フロントをトップポイントに向かって、サイドパートでジグザグに分ける。

2

トップポイントと耳上を結ぶイヤーツーイヤーパートで全体を前後に分ける。

くずれないポイント　ねじり込み部分に3本ピンを打つ

3

バックの毛束をトップポイントに向かってねじり上げ、ピンで留める。この時、ねじり込んだ部分に3本程度ピンを打ち、しっかりと固定する。

4

ねじり上げたバックの毛束を2つに分け、ツイストにする。

5

ツイストのねじり目から毛束をつまんで引き出し、ボリュームを出す。

6

ツイストした毛束でトップポイントにシニヨンをつくるように巻き込み、ピニング。

7

左フロントから左サイドに向かってツイスト編み込みにする。右側も同様に。

8

⑦の毛束をトップポイントでまとめた毛束に沿って配置し、バックで留める。右側の毛束も同様に。

9

全体のバランスを見てツイストでつくったカールから毛束を引き出し、フォルムを整える。

RECIPE 8

スタイルブック▶19ページへ

TECHNIQUE

かぶせ

PROCESS

1 フロントをジグザクに分けておく。

2 バックに逆三角ベースの毛束を分けとる。左上に向かってねじり上げ、毛先を残してピンで留める。これを土台とする。

3 残した毛先は後頭部に少しボリュームをつくるようにして巻き込み、ピンで留める。

くずれないポイント **トップに逆毛を立てる**

4 トップの毛束を3枚のパネルに分け、逆毛を立てる。こうすることで面が割れるのを防ぎ、くずれにくくなる。

5 残った毛束の左半分をねじって右へ方向づけ、毛先を残して土台へ留める。ねじり目から毛束を少し引き出し、ルーズなニュアンスをつける。

6 ⑤の毛先と右半分の毛束を合わせ持ち、ねじる。

7 ⑥の毛束を左に方向づけて、左耳後ろへピンで留める。

8 毛先部分を折り返し、毛束をネープラインに沿って配置する。毛先を内側へピンで留める。

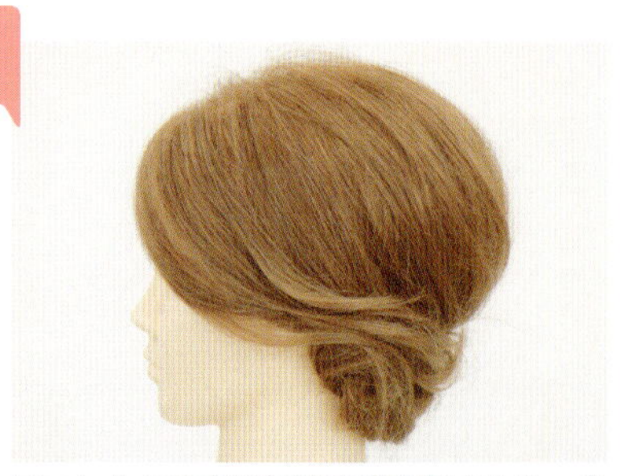

9 フロントの毛束は無造作感を残すため、自然にバックへ流してハードスプレーでキープ。

RECIPE 9

スタイルブック▶20ページへ

TECHNIQUE

かぶせ

1

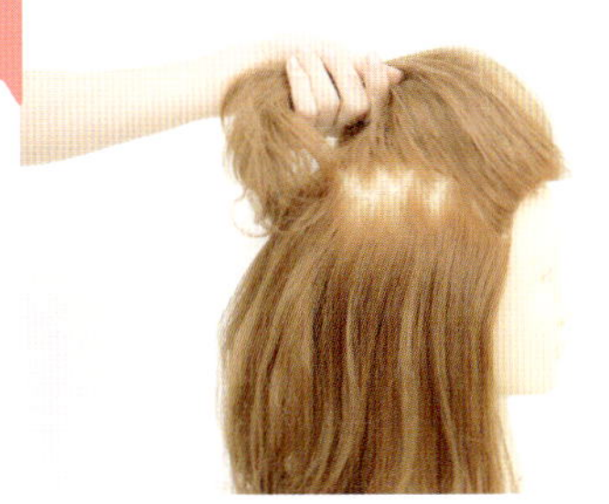

フロントからゴールデンポイント付近までの毛束をジグザグスライスで分けとり、ダックカールで仮留めする。

2

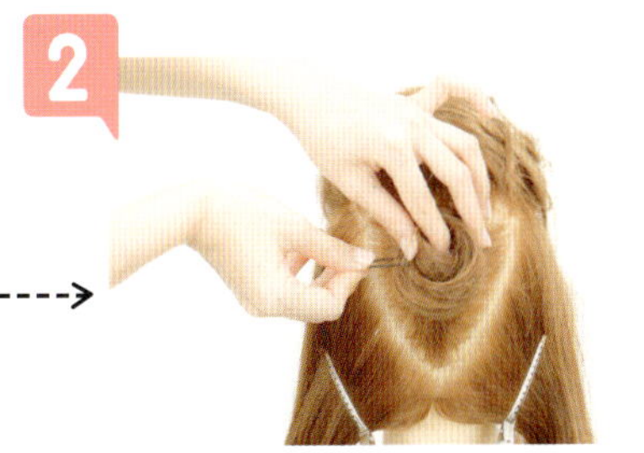

バックにぼんのくぼを頂点とする逆三角ベースの毛束を分けとる。毛束をねじり、毛先をベース内で丸めてピンで留める。土台とする。

3

右サイドから右ネープまでの毛束を手グシで後ろに方向づけ、土台の左側でねじり上げる。毛束を引き出してボリュームをだし、毛先を上に逃がしてピニング。

4

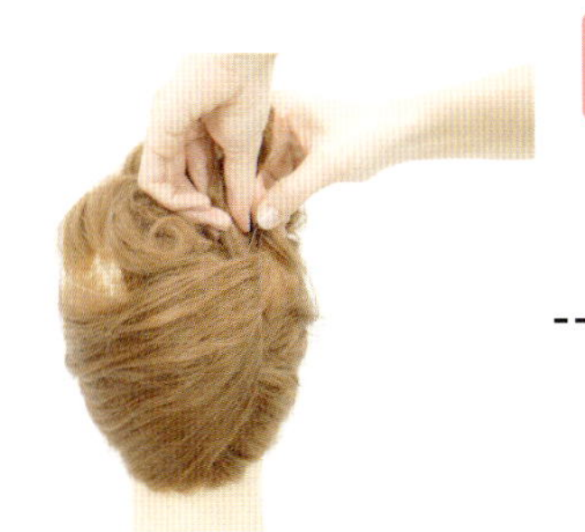

左サイドから左ネープまでの毛束も③と同様に施術。土台の右側でねじり上げ、毛先を逃してピニング。

5

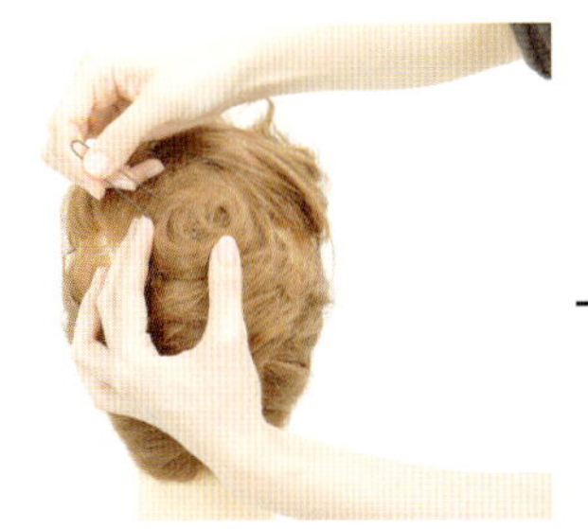

逃がした毛先は、土台の上に平たく丸めてピニング。

6

トップの毛束は、3センチごとにパネルを分けとり、それぞれの内側の根元を中心に、軽めの逆毛を立てる。

7

トップの毛束を後ろに方向づける。この時、うねるような毛流れが表面に出るように整え、ダックカールで仮留め。

8

トップの毛先を丸める。ネジピンで固定した後、アメリカピンでさらに固定する。

くずれないポイント　境目をスモールピンで固定

9

トップとサイドの境目をスモールピンで留める。こうすることで、浮きやすい部分がしっかりと固定され、くずれにくくなる。

RECIPE 10

スタイルブック▶ 21 ページへ

TECHNIQUE

カール	ツイスト

BEFORE

AFTER

FRONT　LEFT　RIGHT　BACK

PROCESS

1

トップの毛束をざっくりと分けとり、仮留め。バックを斜めスライスで左右に分ける。右バックの毛束を高めの位置で一束に結び、土台とする。

2

左バックの毛束を右に方向づける。結び目の下へ通してねじり上げ、結び目の右横で毛先を残してピンで留める。

3

左サイドの毛束を土台に向かってねじり、結び目の上で毛先を残してピンで留める。

4

右サイドの毛束を左バックに方向づける。結び目の下へ通してねじり上げ、結び目の上で毛先を残してピンで留める。

5

トップの毛束を右バックに方向づける。結び目の上でねじり、毛先を残してピンで留める。

6

前髪は右サイドへ方向づけてから後ろにねじり、結び目の上で毛先を残してピンで留める。

くずれないポイント　**毛束をツイストする**

7

バックに集めた毛先を５本に分け、それぞれの毛束をツイストにする。これにより、バックでカールをつくったときにくずれにくい。

8

ツイストした毛束を右寄りに配置し、毛先を残してピンで留める。毛先のカールがバランス良く見えるように毛束を留める。

9

毛先をランダムに散らしてバランスを整える。ネジピンやアメリカピンを使用して毛束を留める。

RECIPE 11

スタイルブック▶22ページへ

TECHNIQUE

カール

1

トップとサイドの毛束を分けとる。トップの毛束は握りこぶし大に設定。

2

残りの毛束を左バックの低めの位置で一束に結ぶ。

3

トップの毛束を左バックに方向づける。②の結び目の上でねじり、毛先を残してピンで留める。

4

右サイドの毛束を左バックに向かってねじる。

5

④の毛束を結び目の左横へ配置し、毛先を残してピンで留める。

6

左サイドの毛束は左耳後ろでリバースにねじり、毛先を残してピンで留める。

7

左バックに集めた毛束を4つに分ける。

8

それぞれの毛束をループ状にまとめ、毛先を残してピンで留める。この時、毛先のカールでデザインをつくるため、バランス良く留めていく。

くずれないポイント　頭皮に沿ってピンで留める

9

⑧でループ状にまとめた後、さらにネープの頭皮に沿ってピンを留める。こうすることで、毛束がしっかり留まるため安定し、くずれにくくなる。

RECIPE 12

スタイルブック▶23ページへ

TECHNIQUE

カール

PROCESS

1

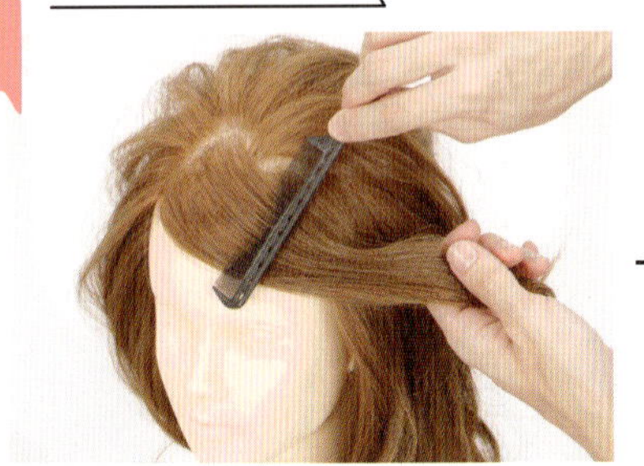

前髪を深めに分けとり、左へ斜めにコーミング。

2

フロント～トップに逆三角ベースの毛束を分けとる。毛束をねじってピニング後、毛先を前髪の毛流れに合わせて左へ方向づけ、毛先近くを仮留め。

3

②の後ろにも、同様に逆三角ベースの毛束を分けとる。毛束をねじってピニング後、毛先を②の毛流れに合わせて左へ方向づける。

4

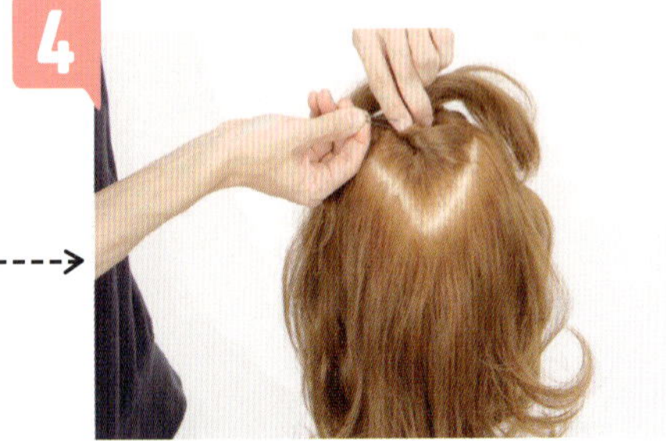

ゴールデンポイント付近に逆三角ベースの毛束を分けとる。毛束をねじり上げ、毛先を残してピンで留め、土台とする。

5

ネープの毛束を左右に2等分する。それぞれの毛束を土台に向かってねじり上げ、毛先を残してピンで留める。

6

右サイドの毛束を後方に向かってねじり、毛先を残して土台に留める。左サイドも同様に。

7

土台に集めた毛束をほぐし、バックがひし形のシルエットになるように整える。

くずれないポイント　**逆毛でボリュームをつくる**

8

ボリュームを出したいゴールデンポイント付近の毛束に逆毛を立てる。こうすることで、ボリュームを出すとともに、カールも固定できる。

9

②で仮留めした前髪とトップの毛先で、左バックへ向かう曲線状の毛流れをつくり、ピンで留める。

RECIPE 13

スタイルブック▶24ページへ

TECHNIQUE

かぶせ	編み込み

BEFORE

AFTER

FRONT　LEFT　RIGHT　BACK

1

左サイドは生え際から指2本分の毛束を分けとる。トップからぼんのくぼまで、左寄りで深めの逆三角ベースを分けとる。

2

フロントから右サイドに向かって裏三つ編み込みにする。

3

そのまま左ネープまで裏編み込みにする。毛先は仮留めしておく。

4

①で分けとった逆三角ベースの毛束をバックにかぶせて左ネープでねじり、毛先を残してピンで留める。

5

③の毛先を左ネープに向かってねじり、毛先を残してピンで留める。

6

左サイドから左バックの毛束を合わせ持ち、バックに向かってねじる。毛先を残してピンで留める。

7

左サイドや耳まわりのねじり目から毛束を引き出し、やわらかいニュアンスをつける。

くずれないポイント
毛束を合わせてシニヨンをつくる

8

下りている毛束をすべて合わせ左寄りの位置でねじってシニヨン状に形づくる。毛先は内側に入れ込み、ピニング。しっかりねじってシニヨンをつくることで、くずれにくくなる。

9

正面から見て左バックからシニヨンが見えるように毛束を引き出し、バランスを整える。

RECIPE 14

スタイルブック▶ 25 ページへ

TECHNIQUE

カール	かぶせ

1

全体をフロント～トップと両サイド、バックの4つにブロッキング。

2

バックの毛束をぼんのくぼより少し上の位置で一束に結び、土台とする。

3

フロント～トップの毛束を後ろに方向づけ、結び目の右側でねじる。毛先を残して土台へ留める。表面から毛束を引き出し、後頭部にボリュームを出す。

4

右サイドの毛束を後ろに方向づけ、結び目の左側でねじる。毛先を残して土台へ留める。

5

左サイドの毛束を後ろに方向づけ、④と重ねて結び目の右側でねじる。毛先を残して土台へ留める。

6

②のテールと③～⑤で集めた毛先を合わせ持ち、毛束を2つに分ける。まずは、左側の毛束を右上に向かってねじり上げ、毛先を残して土台へ留める。これを芯とする。

くずれないポイント 芯に巻きつけて留める

7

残った右側の毛束を芯に巻きつけるように左上に向かってねじり上げる。毛先を残してピンで留める。芯に巻きつけることで、毛束が固定されてくずれにくくなる。

8

残っているネープの毛束を左右に分ける。まずは右ネープの毛束をねじり上げ、毛先を残して土台へ留める。左ネープの毛束も同様に。

9

毛束を散らし、カールのバランスを整える。

RECIPE 15

スタイルブック▶26ページへ

TECHNIQUE

編み込み

PROCESS

くずれないポイント　編み込みを中心に構成

1 トップから握りこぶし大の毛束をジグザグスライスで分けとる。

2 トップからネープまでを表三つ編み込みにする。編み込みの幅は全頭を縦割りした際の1/3程度を目安に。編み込みを中心に構成することで、くずれにくいデザインに。

3 毛先まで三つ編みで編み進め、シリコンゴムで結ぶ。

4 編み目をつまんで毛束を引き出す。編み目のボリュームを調整し、ルーズなニュアンスをつける。

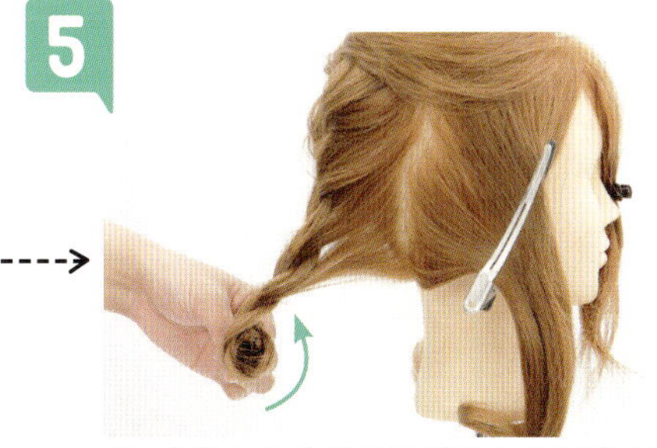

5 三つ編みにした毛束を毛先から内巻きにする。

6 内巻きにした毛束をネープで留める。ピンは横から打つ。

7 右サイドから右サイドバックに向かって表三つ編み込みにする。毛先まで編み進め、毛先はゴムで結ぶ。左サイドも同様に。

8 右サイドから編み込みにした毛束を、左側へ方向づける。毛先を内側へ巻き込み左ネープへピニング。左サイドの毛束も同様に。

9 編み目から毛束を引き出し、全体のシルエットを整える。

RECIPE 16

スタイルブック▶27ページへ

TECHNIQUE

カール｜かぶせ｜編み込み｜ツイスト

PROCESS

1

前髪の分け目に合わせた左寄りのサイドパートで、フロントを左右に分ける。そこから右耳後ろまでざっくりと表三つ編み込みにして仮留めする。

2

トップから浅めに小さく毛束を分けとる。

3

右バックに三日月形ベースの毛束を分けとる。毛束を下向きにねじり、毛先をおろしてピンで留める。これを土台とする。

7

そのまま土台へ留める。

8

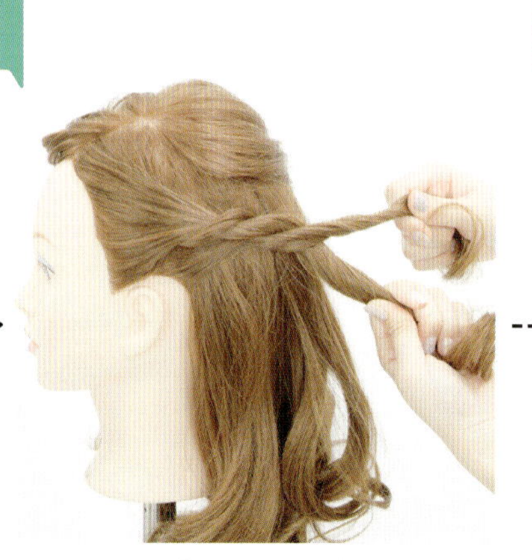

左サイドの毛束をツイスト編み込みにする。

9

⑧の毛束を右サイドへ方向づけ、毛先を残して右耳後ろへピニング。

4

トップの毛束に軽く逆毛を立てる。そのまま毛束を土台にかぶせる。

5

毛束をねじり、毛先をおろして土台へピニング。

6

トップの毛束と①で編み込んだ毛束を交差させる。

くずれないポイント

毛束をねじり合わせる

10

①の毛先と⑧の毛先をねじり合わせる。こうすることで、それぞれの毛束が安定してくずれにくくなる。

11

正面から見て、毛先のカールがバランス良く見える位置で⑩のねじり目を固定する。

12

下りている毛束の中間から毛先を、ホットカーラーで内巻きにしてカールをつける。

RECIPE 17

スタイルブック▶28ページへ

TECHNIQUE

カール	かぶせ

PROCESS

1

トップと両サイドの毛束を分けとる。

2

バックの毛束をぼんのくぼの下で結ぶ。

3

トップの毛束の根元に軽く逆毛を立てる。

4

トップの毛束を後方に集める。②のゴムの上でねじり、毛先を残してピニング。

5

右サイドの毛束を後方に向かってねじる。毛先を残してゴムの左上でピニング。

6

左サイドの毛束を後方に向かってねじる。右サイドの毛束と交差させ、毛先を残してピンで留める。

くずれないポイント　毛束を2つに分けてまとめる

7

集めた毛束を2つに分け、それぞれをねじり、ネープを囲むようにしてシニヨン状に巻き込む。毛束をまとめやすくなり、フォルムも安定するため、くずれにくくなる。

8

ねじり目から毛束を引き出し、やわらかいニュアンスをつけながらシニヨンをつくる。

9

毛先を内側にしまい込み、シニヨンをピンで固定する。

RECIPE 18

スタイルブック▶ 29 ページへ

TECHNIQUE

かぶせ	ツイスト

1

トップと両サイド、バックの４つに全体をブロッキングする。トップの毛束は深めに分けとっておく。

2

耳の高さを目安に、バックの毛束をゴムで結ぶ。

3

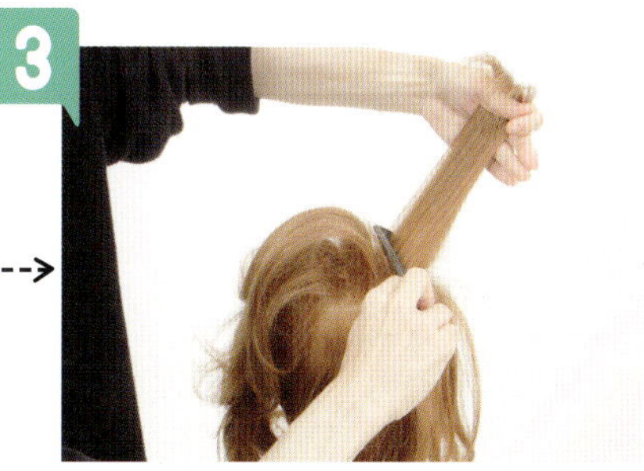

トップの毛束を３つのパネルに分け、それぞれ内側の根元に軽く逆毛を立てる。

4

トップの毛束に手グシを入れ、後方に向かって毛流れを整える。

5

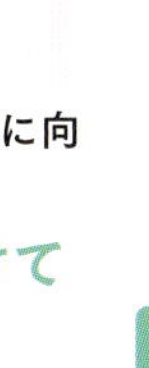

トップの毛束をゴムの右横でねじり、毛先を残してピンで留める。

6

右サイドの毛束を後ろに方向づける。ゴムの左横でねじり、毛先を残してピンで留める。左サイドの毛束も同様に。

くずれないポイント　毛束を２つに分けてツイスト

7

集めた毛束を２つに分け、それぞれツイストにする。こうすることで毛束がまとまり、くずれにくくなる。ねじり目をつまんで毛束を引き出し、ルーズなニュアンスをつける。

8

ツイストした毛束をゴムに巻きつけ、ピンで留める。

9

全体のバランスを見て、トップの表面やツイスト部分から毛束を引き出し、フォルムを整える。

RECIPE 19

スタイルブック▶30ページへ

TECHNIQUE

カール | かぶせ | 編み込み | ツイスト

PROCESS

1

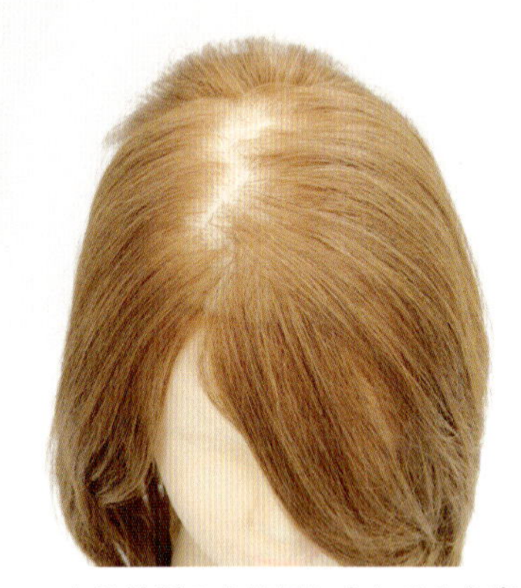

フロントは前髪の分け目に合わせた右寄りのサイドパートで、トップポイントに向かってジグザグスライスで左右に分ける。

2

トップポイントと耳後ろを結ぶイヤーツーイヤーパートで前後に分け、両サイドの毛束を分けとる。ゴールデンポイントを中心に半円形ベースの毛束を分けとる。

3

残ったバックの毛束を左耳後ろに向かってねじり、毛先を残してピンで留める。

7

フロントから左サイドに向かって裏三つ編み込みにする。毛先まで編み進める。

8

編み目から毛束を引き出し、ルーズなニュアンスをつける。

9

左耳後ろのねじり目付近で三つ編みをまとめ、毛先を残してピンで留める。

くずれないポイント

4 ねじり目にピンを打つ

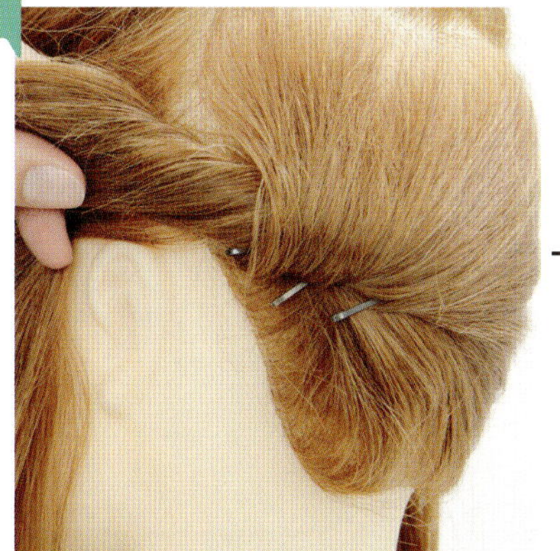

さらにねじり目に2～3本ピンを打つ。こうすることで、毛束がしっかりと固定される。

5

トップの毛束を前後2パネルに分ける。内側の根元に逆毛を立ててボリュームを出す。

6

ボリュームを保ちながら、トップの毛束を左耳後ろに方向づける。③のねじり目付近で毛束をねじり、毛先を残してピンで留める。

10

フロントから右サイドに向かってツイスト編み込みにし、毛先まで編み進める。

11

⑩の毛束を左耳後ろのねじり目付近へ、毛先を残してピンで留める。この時、編み目から毛束を引き出して少しルーズなニュアンスをつける。

12

左耳後ろに集めた毛先に逆毛を立てる。カールにボリュームを出しながら、シルエットを整える。

RECIPE 20

スタイルブック▶31ページへ

TECHNIQUE

かぶせ	編み込み

PROCESS

1

トップと両サイドの毛束をジグザグスライスで分ける。トップは逆三角ベースで分けとる。

2

トップの毛束を後ろでねじり、毛先を残してピンで留める。

3

ねじり目から毛束を引き出し、ラフなニュアンスをつける。

4

右フロントから右サイドにかけて表三つ編み込みにする。

5

毛先は三つ編みにし、バックの左側で毛先を残してピンで留める。

6

左フロントから左サイドにかけて表三つ編み込みにする。

7

毛先は三つ編みにし、バックの右側で毛先を残してピンで留める。

くずれないポイント　編み目にピンを打つ

8

編み込みの毛束に対し2〜3本を目安に編み目にピンを打つ。こうすることで、編んだ毛束が浮かずにしっかりと固定される。

9

おろしている毛束の中間から毛先にかけてホットカーラーで内巻きにする。

RECIPE 21

スタイルブック▶32ページへ

TECHNIQUE

ツイスト	編み込み

PROCESS

1

右トップから左耳上に向かってフィッシュボーン編み込みにする。毛先を長めに残してゴムで結ぶ。

2

編み目から毛束を引き出し、ボリューム感を出す。

3

耳上ラインを目安に、全体をジグザグスライスで上下に分ける。

4

上段の毛束を、右サイドから左バックに向かってツイスト編み込みにする。毛先を残してダックカールで仮留め。

5

下段の毛束を、右ネープから左ネープに向かってツイスト編み込みにする。毛先を残してダックカールで仮留め。

6

くずれないポイント　3本の毛束を一束に結ぶ

左側に集めた3本の毛束をゴムで結ぶ。この後、毛束をフィッシュボーン編みにしてルーズなニュアンスをつけても、④、⑤のツイスト編み込みがたるみにくくなる。

7

⑥で集めた毛束をざっくりとフィッシュボーン編みにする。

8

編み目から毛束を引き出し、ルーズなニュアンスをつける。

9

耳後ろのゴムをピンでおさえて固定する。

RECIPE 22

スタイルブック▶33ページへ

TECHNIQUE

カール ｜ かぶせ ｜ 編み込み ｜ ツイスト

PROCESS

1

トップからぼんのくぼまでの毛束を手グシでざっくりと分けとる。

2

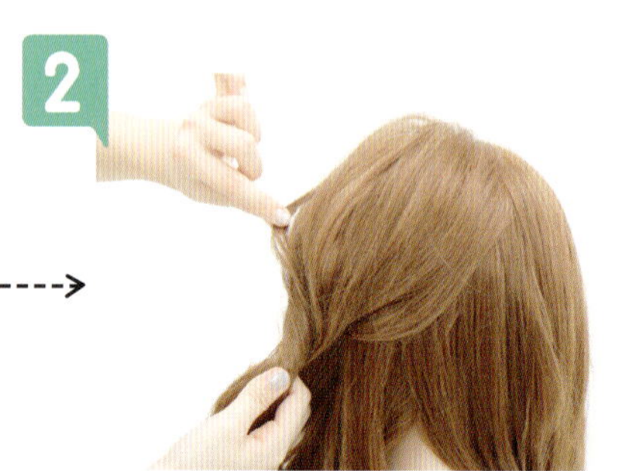

①の毛束をバックでねじる。毛束を引き出してふんわりとさせてから毛先を残してピンで留める。

3

ねじり留めた毛先とえりあしの毛束を合わせ持ち、ぼんのくぼ付近で結ぶ。土台とする。

4

前髪の分け目に合わせたサイドパートで、フロントをジグザグスライスで左右に分ける。

5

左右それぞれの毛束を、分け目からサイドバックに向かって表三つ編み込みにする。

6

三つ編み込みにした毛束を③の結び目の下で交差させ、毛先を残してピンで留める。

くずれないポイント　毛束を3本に分けてツイスト

7

バックに残った毛束を3本に分け、それぞれツイストにする。ツイストさせることで、毛束を引き出してゆるめてもくずれにくくなる。

8

ツイストした3つの毛束を土台に巻きつける。毛先を残してピンで留め、シニヨンをつくる。

9

ねじり目から毛束を引き出し、毛先のカールを散らしてバランスを整える。

RECIPE 23

スタイルブック▶34ページへ

TECHNIQUE

かぶせ	編み込み

1

トップと両サイドの毛束を分けとる。後で編み込みをするため、フロントの毛束は左サイドの毛束と合わせて分けておく。

2

残りの毛束をぼんのくぼの下付近で結ぶ。

3

トップの毛束の根元に軽く逆毛を立て、毛束を後ろに方向づける。②の結び目の上でねじり、毛先を残してピンで留める。

4

バックに集めた毛束をすべて合わせ持ち、裏三つ編みにする。

5

くずれないポイント　結び目を軸にシニヨンをつくる

④を②の結び目の部分に平たく巻きつけてシニヨン状に形づけ、毛先は内側へ入れこみピニング。こうすることでシニヨンが安定する。

6

前髪を分けとり、左サイドへ方向づける。毛先を左耳後ろでねじってピニング。

7

フロントから左サイドに向かって表編み込みにする。

8

編み込みにした毛束を⑤の上に沿わせてシニヨンに留める。

9

右サイドの毛束を後方に向かって表編み込みにし、⑧と同様にシニヨンに留める。

RECIPE 24

スタイルブック▶35ページへ

TECHNIQUE

かぶせ	カール

PROCESS

1

トップと両サイド、バックの４つに全体をブロッキングする。

2

バックから逆三角ベースの毛束を分けとる。毛束はベース内でねじり、ピンで留め、土台とする。毛先はカールに生かせる長さを残しておく。

3

左ネープの毛束をねじり上げる。右ネープも同様にし、左右抱き合わせにして土台へ留める。

4

両サイドの毛束を後方に向かってシェープし、土台でねじってピンで留める。毛先は下に逃がす。

5

土台に集めた毛束を少量ずつ分けとり、カールを散らす。

6

トップの毛束を２つのパネルに分ける。それぞれのパネルに逆毛を立てる。

7

トップの毛束を左右に分ける。右トップの毛束を土台でねじる。毛先を土台の左側へ逃がしてピンで留める。

8

左トップの毛束を土台でねじる。土台の右側へ毛先を残してピンで留める。この時、⑤のカールと毛流れをつなげる。

くずれないポイント
逆毛とネジピンでカールをキープ

9

バランスを見てカールに逆毛を立て、ネジピンで固定する。こうすることで、カールがだれるのを防ぐ。

RECIPE 25

スタイルブック▶36ページへ

TECHNIQUE

かぶせ

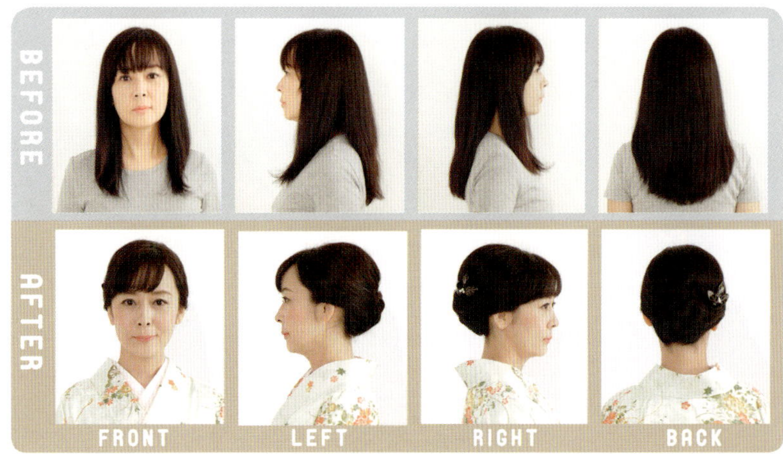

PROCESS

1

トップとサイドの毛束を分けとる。バックにボリュームをつくるため、トップの毛束は多めに分けとっておく。

2

バックに逆三角ベースの毛束を分けとり、三つ編みにする。その毛束を丸めてピンで留め、土台をつくる。

くずれないポイント ネープの毛束に逆毛を立てる

3

左ネープの毛束の内側にしっかりと逆毛を立てる。逆毛を立てることで毛束がまとまるため、くずれにくくなる。

4

左ネープの毛束を土台にかぶせ、毛先を巻き込んで土台にピニング。

5

左サイドの毛束を土台にかぶせ、④と毛流れをつなげる。毛先を巻き込んで土台にピニング。

6

右ネープの毛束にも逆毛を立てて、土台にかぶせ、毛先を巻き込んでピンで留める。

7

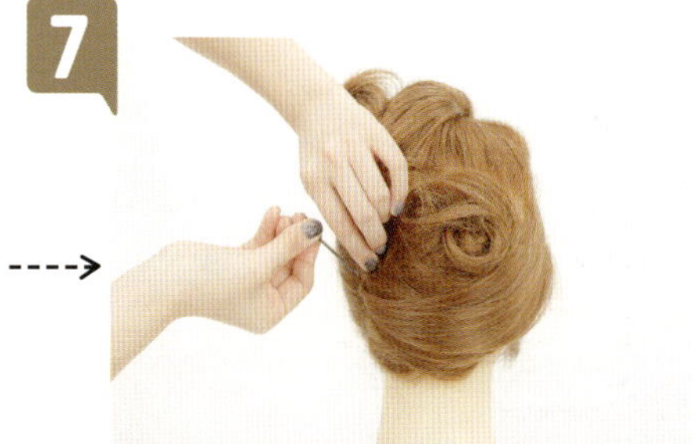

右サイドの毛束も土台にかぶせ、⑥と毛流れをつなげる。毛先を巻き込んでピンで留める。

8

トップの毛束の根元にしっかりと逆毛を立ててボリュームをつくる。

9

トップの毛束を右サイドの毛流れとつなげるように方向づける。毛先はバックでループ状に形づくりピニング。

RECIPE 26

スタイルブック▶ 37 ページへ

TECHNIQUE
かぶせ

PROCESS

1

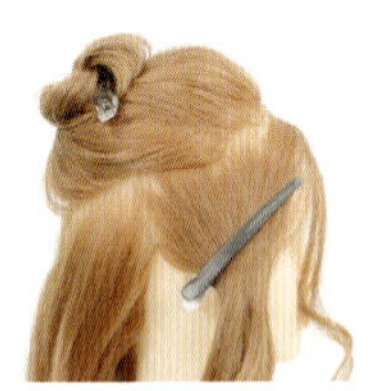

全体をトップと両サイド、バックの４つにブロッキング。バックと両サイドはトップポイントを通るイヤーツーイヤーパートで分ける。

2

バックセンターに逆三角のベースを分けとる。毛束をねじってピンで留め、トップの下に土台をつくる。毛先はバックの毛束と合わせる。

3

トップの毛束を前後３パネルに分け、内側に逆毛を立てる。和装なので、根元を中心にしっかりと逆毛を立ててボリュームをつくる。

7

左サイドの毛束を後ろに向かって軽くねじり、毛先を残して土台に留める。

8

下りているすべての毛束を左右に２等分する。

くずれないポイント

9 逆毛を入れてまとまりやすく

この後、⑧で二等分した毛束をロール状に巻くが、その時に内側となる部分に逆毛を立てる。逆毛により毛束がまとまりやすくなり、ロールが安定する。

4

トップの毛束を左右に２等分する。右トップの毛束を後ろに方向づけてからねじり、毛先を残して土台に留める。

5

右サイドの毛束を後ろに向かって軽くねじり、毛先を残して土台に留める。

6

左トップの毛束を後ろに方向づけてからねじり、毛先を残して土台に留める。

10

左側の毛束の毛先をシリコンゴムで結び、毛先からロール状に巻き上げる。

11

⑩でロール状に巻き上げた毛束を土台へ留める。右側の毛束も同様にしてロール状に巻き上げ、土台に留める。

12

左右のロールのつなぎ目の毛束をつまんでなじませ、ピンで留める。

RECIPE 27

スタイルブック▶38ページへ

TECHNIQUE

かぶせ	カール

1

全体をフロント～トップと両サイド、バックの4つにブロッキング。

2

バックの毛束を正中線で2つに分け、左バックの毛束を低い位置でねじり上げてピニング。毛先は残してカールに生かす。

3

右バックの毛束を左バックに方向づける。②の右側でねじり上げ、毛先を左方向へ逃がしてピンで留める。

4

左サイドの毛束を後ろに方向づける。左バックでねじり、毛先を残してピンで留める。

5

トップの毛束を前後2つのパネルに分ける。それぞれの毛束の内側に逆毛を立ててボリュームを出す。

6

トップの毛束を後ろに方向づける。バックでねじり、毛先を残してピンで留める。

7

右サイドの毛束を後ろへ方向づける。バックでねじり、毛先を左方向へ逃がしてピンで留める。

8

左バックに集めたカールに逆毛を立ててボリュームを調整する。

くずれないポイント　カールにネジピンを打つ

9

カールのバランスを整え、ネジピンで固定。こうすることでカールがくずれにくくなる。

お出かけセットアレンジ技術解説集

お客さまの日常に近いシチュエーションに提案できるセットアレンジテクニック。ピンの留め方を工夫したり、土台をとることでフォルムを安定させたりと、簡単でもくずれないコツをつかみましょう。

RECIPE 28

スタイルブック▶40ページへ

TECHNIQUE

編み込み	ツイスト

1

トップからバックに向かってセンターの毛束をジグザグスライスで分けとりながら、表三つ編み込みにする。毛先は三つ編みにし、ゴムで結ぶ。

2

編み込んだ部分から毛束を引き出し、編み目をゆるめてカジュアルな雰囲気にする。

3

右サイドから右ネープに向かってツイスト編み込みにする。編み込んだ部分から毛束を引き出し、編み目をゆるめてカジュアルな雰囲気にする。

7

右側のツイスト編み込みの毛先をセンターの三つ編みの編み目に通す。毛先を左側に位置づけたらゴムをはずす。

8

左側のツイスト編み込みの毛先をセンターの三つ編みの編み目に通す。毛先を右側に位置づけたらゴムをはずす。

くずれないポイント
毛束同士を三つ編みにする

9

センターの三つ編み込みと両サイドのツイスト編み込みの毛先を三つ編みにする。これにより、編み目をゆるめてもそれぞれの編み込みがくずれにくくなる。

4

毛先を長めに残してシリコンゴムで結ぶ。

5

左サイドから左ネープに向かってツイスト編み込みにする。編み込んだ部分から毛束を引き出し、編み目をゆるめてルーズなニュアンスをつける。

6

毛先を長めに残してシリコンゴムで結ぶ。

10

三つ編みの毛先をシリコンゴムで結び直す。

11

えりあしより下の編み目から毛束を引き出し、ルーズなニュアンスをつける。

12

毛先から細く毛束をとり、シリコンゴムを隠すように巻きつけて、スモールピンで留める。

RECIPE 29

スタイルブック▶41ページへ

TECHNIQUE

かぶせ

PROCESS

1

全体をフロント＆トップと両サイド、バックの４つにブロッキングする。

2

耳後ろにおくれ毛を残し、バックの毛束をぼんのくぼの下付近で一束に結ぶ。

3

トップの毛束を後ろに方向づける。バックの結び目の横でねじり、毛先を残してピンで留める。

4

両サイドの毛束を後ろに方向づける。バックの結び目に向かってねじり、毛先を残してピンで留める。

5

バックに集めた毛束を合わせ持ち、右回転にねじる。

6

ねじった毛束を結び目付近に巻き込み、シニヨンをつくる。

くずれないポイント **シニヨンを４ヵ所で固定**

7

シニヨン状に巻きつけた毛束をピンで留める。この時、４ヵ所にピンを打ちしっかりと固定することでくずれにくくなる。

8

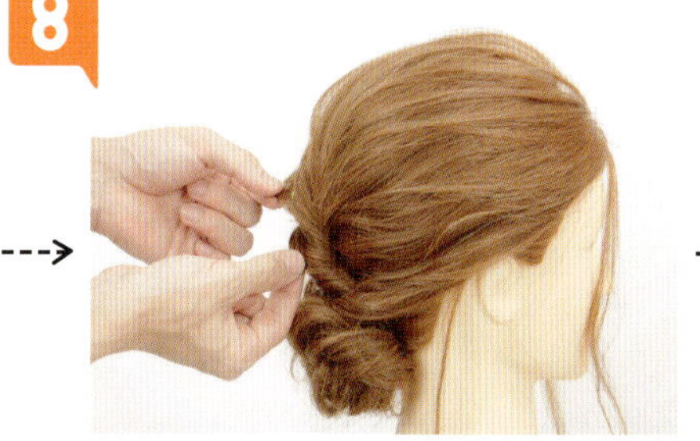

表面やねじり目、シニヨンから毛束を引き出し、ルーズなニュアンスをつける。

9

耳後ろのおくれ毛を、ホットカーラーでフォワードに巻く。顔まわりのおくれ毛はリバースに巻く。

RECIPE 30

スタイルブック▶42ページへ

TECHNIQUE

編み込み	ツイスト

PROCESS

1

トップの毛束を分けとり、フロントはセンターで左右に分けてサイド～バックサイドの毛束と合わせておく。いずれもジグザグスライスで分けとる。

2

バックの毛束をぼんのくぼの下付近で結ぶ。

3

トップの毛束を②の右側でねじり、毛先を残してバックの結び目の右側でピニング。表面から毛束を引き出し、ふんわり感を出す。

4

右側のフロントからネープまでをツイスト編み込みにする。毛先を残してバックの一束の結び目の左側へ留める。

5

左側のフロントからネープも④と同様にツイスト編み込みにする。毛先を残してバックの結び目の右側へ留める。

くずれないポイント　毛束を小分けにしてシニヨンをつくる

6

残った毛束を４つに分け、それぞれねじって低めの位置でシニヨン状に巻き込む。毛束を小分けにすることで、１度にねじって留めるよりもしっかりとまとまる。

7

他の毛束も同様に、ねじって低めの位置で留める。毛先はシニヨンの内側に留めていく。

8

残りの毛束も同様にねじり、低めの位置でシニヨン状に形づくってピニング。

9

バックのシニヨン部分から細く毛束を引き出してくずし、バランスを整える。

RECIPE 31

スタイルブック▶ 43 ページへ

TECHNIQUE

4つのベーシックは使わず、「くるりんぱ」で構成

PROCESS

1

トップからぼんのくぼ付近までの毛束を分けとる。

2

①でブロッキングした毛束を、スライス線上に結び目がくるよう、シリコンゴムで結ぶ。

3

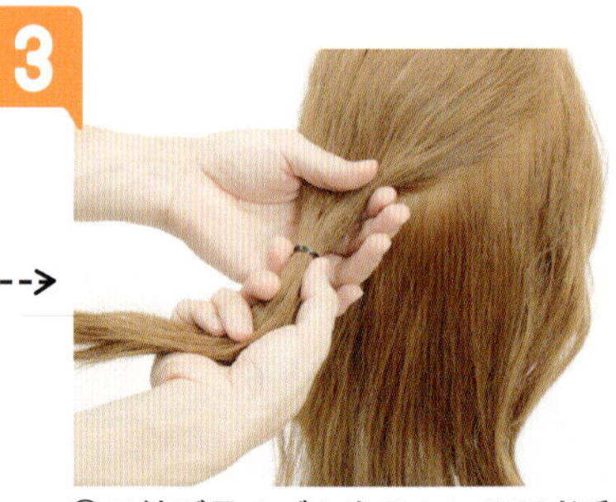

②の結び目のゴムを３センチほど毛先側へずらす。

4

結び目の上に輪をつくり、毛先を輪に通して「くるりんぱ」にする。

5

結んだ毛束を左右に分けて持ち、ゴムの位置が根元に戻るように毛束を引く。

6

表面からトップの毛束をつまんで引き出し、ルーズなニュアンスをつける。

くずれないポイント　**黒ゴムを使用して毛束を結ぶ**

7

⑥で結んだ毛束と残りの毛束を合わせ持ち、ゴムで一束に結ぶ。この時、強度のある黒ゴムを使ってしっかり結ぶとくずれにくくなる。

8

結んだ毛束から５ミリ四方の毛束を分けとり、結び目に巻きつける。

9

ゴムが見えないように整えたら、スモールピンで留める。

RECIPE 32

スタイルブック▶44 ページへ

TECHNIQUE

かぶせ	ツイスト	編み込み

PROCESS

1

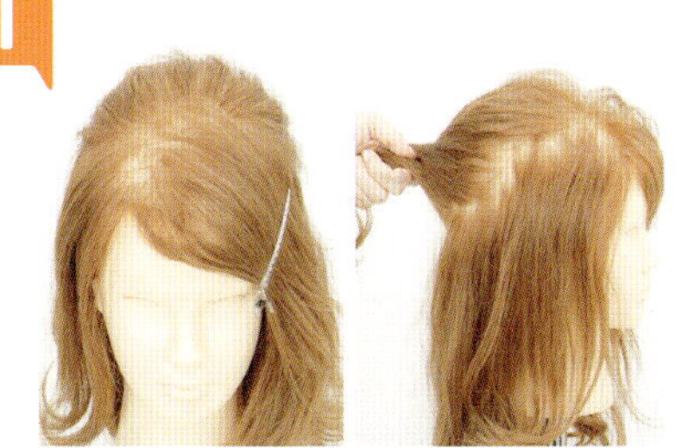

フロントを、ジグザグスライスでサイドパートにする。さらに、トップからぼんのくぼまでの毛束を分けとる。

2

トップの毛束を後ろに方向づけてねじる。バックトップにたるみができるよう毛束を引き出す。ぼんのくぼ付近で、毛先を残してピンで留める。

3

前髪の左側からの②でまとめた毛束に沿って、ツイスト編み込みにする。ぼんのくぼ付近で、毛先を残してピンで留める。

4

右側のフロントから②でまとめた毛束に沿って、ツイスト編み込みにする。ぼんのくぼ付近で、毛先を残してピンで留める。

5

左サイドから左ネープにかけての毛束をツイスト編み込みにする。毛先はダックカールなどで仮留めしておく。右サイドから右ネープの毛束も同様に。

6

バックに毛束を集め、シリコンゴムで一束に結ぶ。

7

一束のテールをツイストにする。

くずれないポイント　ツイストしてシニヨン状にする

8

ツイストした毛束を巻き込んでネープの位置にまとめ、シニヨン状に形づくりピンで留める。

9

全体のバランスを見て、毛束をつまんで引き出す。ルーズなニュアンスをつけてフォルムを整える。

RECIPE 33

スタイルブック▶ 45 ページへ

TECHNIQUE

かぶせ

PROCESS

1

ハチラインよりやや上の位置を目安に、トップの毛束を分けとる。

くずれないポイント 土台をつくる

2

バックに小さい逆三角の毛束を分けとる。毛束をベース内でループ状に巻き込み、ピンで留めて土台をつくる。土台にピンを留めていくことで、フォルムが安定する。

3

トップの毛束を前後２パネルに分け、逆毛を立てる。根元に軽く立て、ボリュームを出す。

4

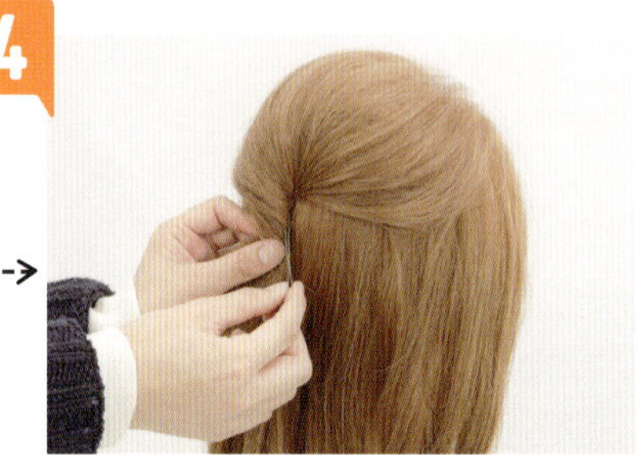

ボリュームを保ちながら、トップの毛束を後ろに方向づける。土台にかぶせてねじり、毛先を残してピンで留める。

5

左サイドの毛束を後方に向かってねじる。

6

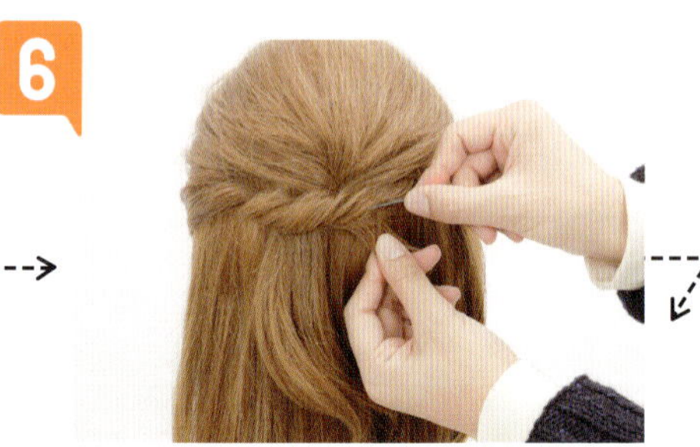

ねじった毛束を土台にピンで留める。右サイドも同様に。

7

トップやねじり目から毛束を引き出し、ボリュームを調整する。

8

前髪をサイドの毛流れに合わせて後ろに方向づけ、ピンで留める。

9

下ろしている毛束をホットカーラーで巻く。毛先から中間を内巻きにし、やわらかいカールをつける。

RECIPE 34

スタイルブック▶46ページへ

TECHNIQUE

編み込み	ツイスト

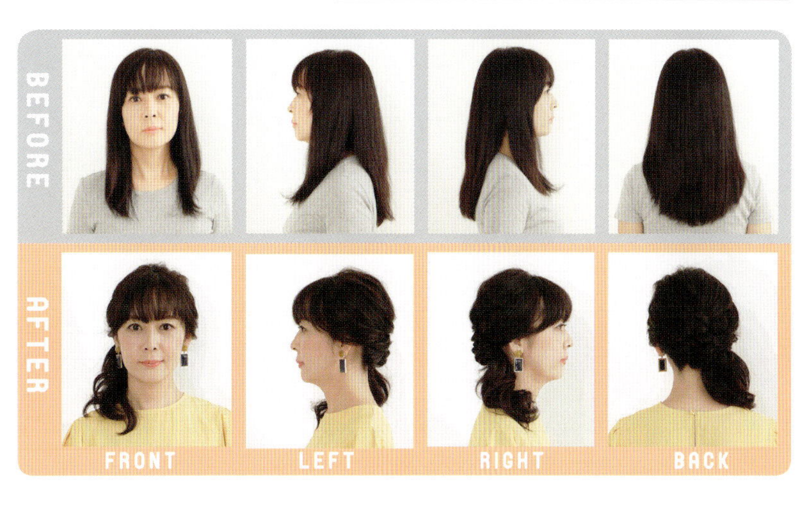

1

トップの毛束をジグザグスライスで深めに分けとり、残りは両サイドとバックに分ける。

2

残りの毛束を右耳後ろで結び、結び目の上に輪をつくって毛先を入れ込み「くるりんぱ」にする。

3

トップの毛束を右耳後ろに向かってゆるめの表編み込みにし、毛先をゴムで結ぶ。

くずれないポイント 毛先を「くるりんぱ」の内側に通す

4

編み込んだ毛先を、②で「くるりんぱ」にした毛束の内側に通して留める。こうすることで、毛束が安定する。

5

この時、結び目を頭皮に沿わせるようにピンで留める。

6

左サイドの毛束を後方に向かってツイストにする。途中、ねじり目から毛束を引き出してルーズなニュアンスをつける。

7

⑥でツイストにした毛束を、右耳後ろにピンで留める。毛先は残す。

8

右サイドの毛束を後方に向かってツイストにする。右下に集めた毛束に交差させ、毛先を残してピンで留める。

9

右耳後ろに集めた毛先を細めのホットカーラーで内巻きにする。

RECIPE 35

スタイルブック▶47ページへ

TECHNIQUE

かぶせ ｜ ツイスト ｜ 編み込み

PROCESS

1

仕込み後、トップの表面から1センチ四方の毛束を細かく分けとる。毛束をねじり、根元にホットカーラーをあてて毛束に巻きつける。これにより、ふんわりとしたボリュームが出る。

2

トップと両サイド、バックの4つにブロッキング。トップはぼんのくぼより少し上を目安に、だ円形に毛束を分けとる。

くずれないポイント トップの下に土台をつくる

3

バックセンターに逆三角ベースをとり、毛束をねじってピニング。土台をつくる。土台をつくることでトップの毛束がしっかり留まり、フォルムが安定する。

4

トップの毛束を後方へ方向づける。ウエーブ感を生かすため、ふんわりとまとめる。毛束をねじり、毛先を残して土台へ留める。

5

右サイドから右みつえりまでの毛束をツイスト編み込みにする。

6

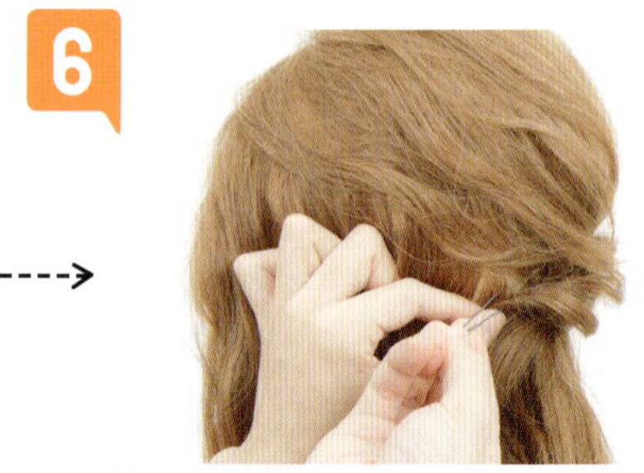

⑤の毛束を土台にかぶせ、土台の左側で、毛先を残してピンで留める。

7

左サイドから左みつえりまでの毛束をツイスト編み込みにする。⑥の毛束の上に交差させ、土台の右側で、毛先を残してピンで留める。

8

全体のバランスを見てランダムに毛束を引き出し、ルーズなシルエットにする。

9

前髪をホットカーラーでリバースに巻き、クセづけする。

RECIPE 36

スタイルブック▶48ページへ

TECHNIQUE

かぶせ

BEFORE

AFTER

FRONT　LEFT　RIGHT　BACK

1

仕込みのホットカーラーを外した後、カールをほぐしてトップにふんわり感を出す。

2

トップからぼんのくぼまでの毛束を丸く分けとる。

3

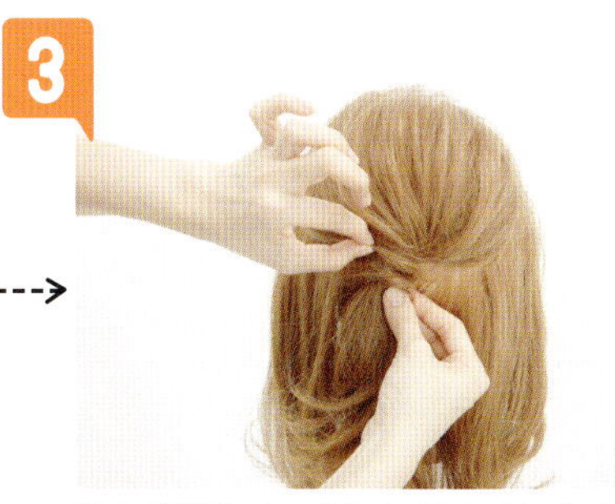

②の毛束をバックにかぶせてねじる。毛束を引き出し、毛先を残してピンで留める。

4

左サイドの毛束を後ろに向かってねじる。

5

ねじり目から毛束を引き出して、ルーズなニュアンスをつける。その後、毛先を残してバックのピンの左隣にピンで留める。

6

右サイドから右ネープまでの毛束を合わせ持つ。バックに方向づけ、ねじる。

7

サイドの毛束を引き出して、ルーズなニュアンスをつける。

くずれないポイント　**ねじり目にピンを打つ**

8

⑥でねじった毛束を１度センターでピニング。その後、少し左寄りの位置で、毛先を左に逃がしてピンで留める。ねじり目にピンを打つことで、くずれにくくなる。

9

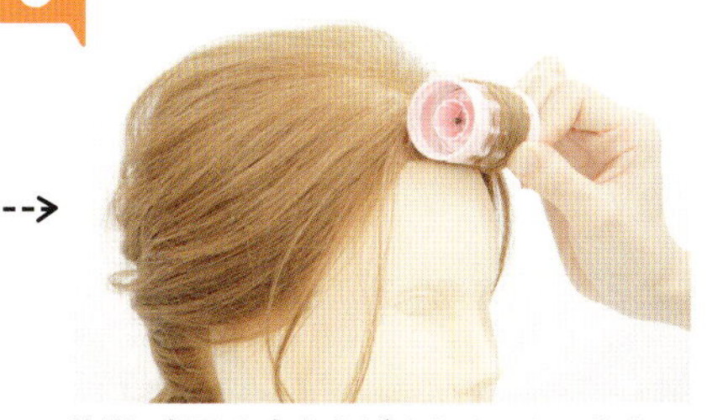

前髪の根元を立ち上げるため、ホットカーラーを巻く。

短い髪の
セットアレンジ
技術解説集

ショートヘアやボブスタイルなど、短い髪のお客さまに提案できるセットアレンジテクニックです。短い髪を小分けにしてまとめていくので、工程が多めのスタイルもありますが、使うテクニックはどれもシンプルです。

RECIPE 37

スタイルブック▶50ページへ

TECHNIQUE

かぶせ

PROCESS

1

硬めのワックスを全体につける。その後、前髪を深めに分けとり、左サイドに流してダックカールで仮留め。

2

バックに逆三角ベースをとり、毛束をベース内でねじり上げてピニング。毛先はトップ側に逃がす。残りのバックの毛束は上下、左右の４つにブロッキング。

3

くずれないポイント　えりあしをスプレーで固定

えりあしの毛束を左右で抱き合わせるようにねじり上げる。ピンで留める前にハードスプレーを吹きつけて固定し、毛先をトップ側に向けてピニング。

4

残りの毛束（上段左右）をバックで抱き合わせるようにねじる。毛先は内側へしまい込んでピンで留める。

5

右サイドの毛束を後ろに方向づける。２回転ねじってピンで留める。左サイドも同様に。

6

トップの毛束を前後５つのパネルに分け、内側の根元から中間に逆毛を立てる。その後、逆毛を立てた毛束を左、右、中央の３つに分ける。ボリュームを出す。

7

逆毛でつくったボリュームを保ちながら、トップ中央の毛束を後ろに方向づけ、バックで軽くねじってピンで留める。

8

左トップの毛束を後方に方向づけて、バックで軽くねじってピンで留める。右トップの毛束も同様に。

9

前髪を表面と内側２パネルに分け、それぞれの内側に逆毛を立てる。左サイドに向かって毛流れを整えピンで留める。

RECIPE 38

スタイルブック▶51ページへ

TECHNIQUE

かぶせ	ツイスト	編み込み

PROCESS

1

トップの毛束を分けとり、耳後ろから両サイドの毛束を分けとる。

2

バックに馬蹄形ベースをとる。毛束をねじり、毛先まで丸め込んでピンで留め、土台とする。

くずれないポイント　えりあしの短い毛をゴムで結ぶ

3

残りの毛束をバックに集め、ゴムで結ぶ。えりあしの短い毛をゴムで結んでから土台に留めることで、毛束が落ちてこずしっかり留まる。

4

③のゴムを毛先側にずらす。

5

毛先を引き下げ、ゴムを土台に留める。

6

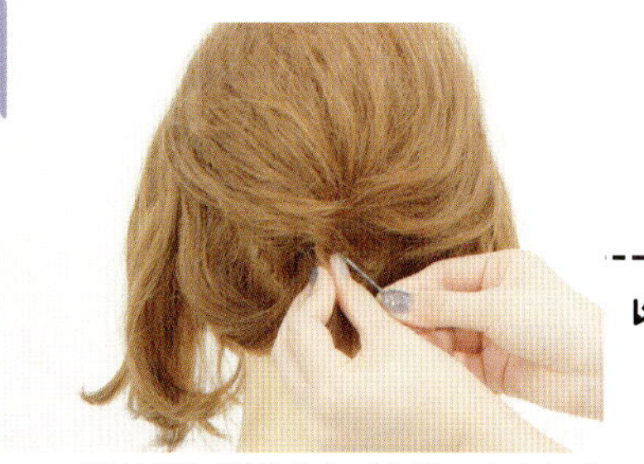

トップの毛束に逆毛を立てた後、ふんわり感を保ちながらバックにかぶせる。毛束をねじって土台に留める。

7

左サイドの毛束を後方に向かってツイストし、土台に留める。

8

右サイドの毛束は、後方に向かって裏三つ編み込みにする。

9

⑧の毛束を、⑦でツイストにした毛束の上に交差させ、毛先を内側に入れ込んで土台に留める。

RECIPE 39

スタイルブック▶52ページへ

TECHNIQUE

かぶせ	ツイスト	編み込み

1

トップの毛束を深めに分けとる。

2

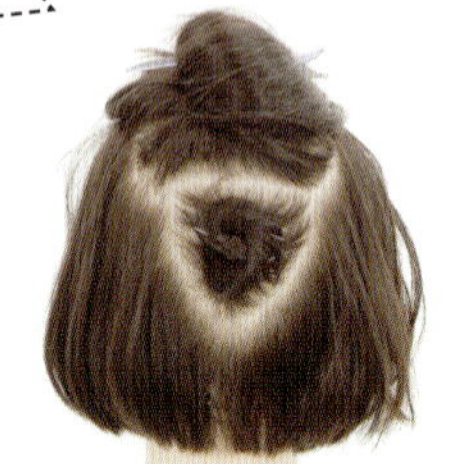

バックに逆三角ベースの毛束をとる。毛束をねじり、ピンで留めて土台とする。土台に短い毛を留めていくことで、くずれにくくなる。

3

トップの毛束に逆毛を立てる。パネルを薄く分けとり、中間から根元にかけてしっかりとボリュームを出していく。

4

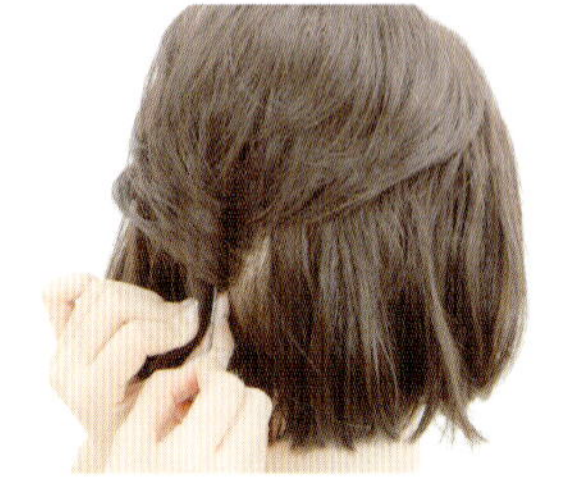

逆毛のボリュームを保ちながら、トップの毛束をバックにかぶせてねじり、土台へピニング。

5

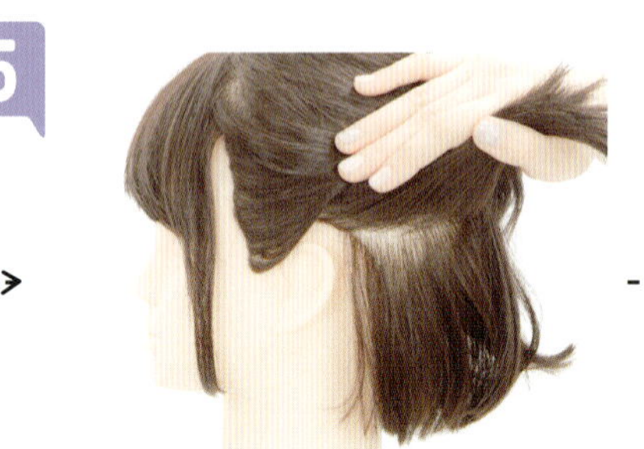

残った毛束を、耳上を目安に上下に分ける。

6

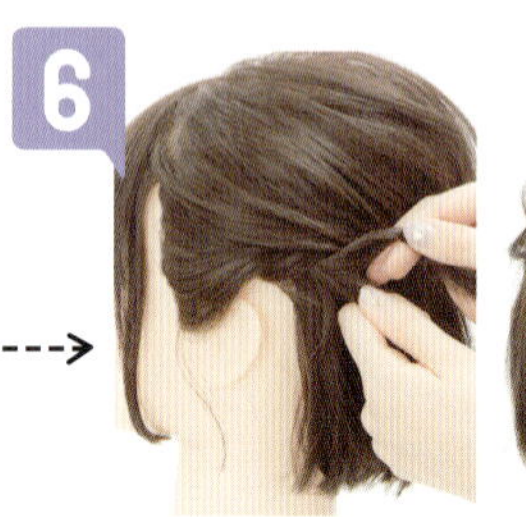

左サイドから上段の毛束をツイスト編み込みにする。そのまま編み進め、毛先を土台へピニング。

7

左下段の毛束をツイスト編み込みにする。そのまま毛先まで編み進め、土台へピンで留める。

8

右サイドから上段の毛束をツイスト編み込みにする。そのまま毛先まで編み進め、土台へピンで留める。

9

右下段の毛束をツイスト編み込みにする。そのまま毛先まで編み進め、土台へピンで留める。

RECIPE 40

スタイルブック▶53ページへ

TECHNIQUE

かぶせ | カール

PROCESS

1

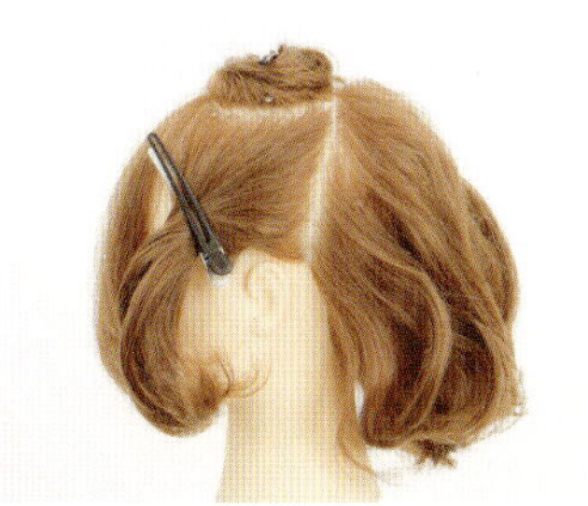

トップと両サイドの毛束を分けとる。トップは小さめに丸く分けとる。

2

バックに逆三角ベースを分けとる。その毛束を反時計回りにねじり上げ、毛先を左方向に逃がしてピンで留める。これを土台とする。

3

残りの毛束をブロッキング。全体をセンターで半分に分ける。右バックは斜めスライスで上下に分け、それぞれ仮留めしておく。

4

右バックの上段の毛束を土台に向かってねじり上げ、毛先を左方向に逃がして、土台へ留める。右バックの下段、左バックの毛束も同様に施術する。

5

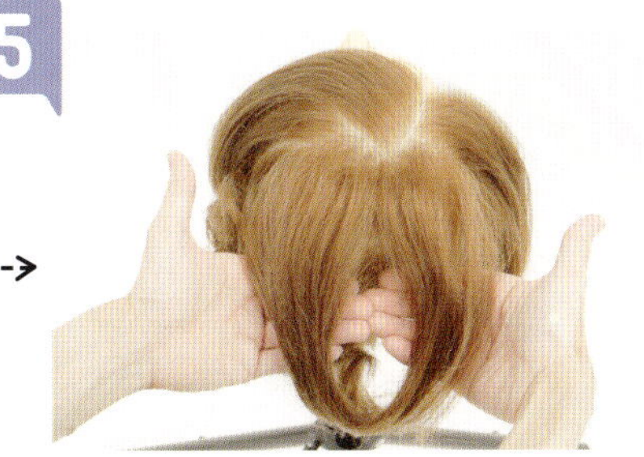

トップの毛束に逆毛を立てた後、左右に分ける。

6

左右に分けた毛束を交差させ、それぞれ毛先を残して土台に留める。

7

左サイドの毛束をリバースにねじり、毛先を下に向けて左耳後ろで留める。

8

右サイドの毛束は後方に向かって分け目を隠すようにとかし上げ、⑥の交差部分の下で毛先を残してピンで留める。

くずれないポイント 毛先に逆毛を立ててカールを施す

9

残った毛先に逆毛を立て、バック全体にカールを施す。毛先に逆毛を立てることで、カールが固定されてフォルムがくずれにくくなる。

スタイルブック▶54ページへ

TECHNIQUE

カール

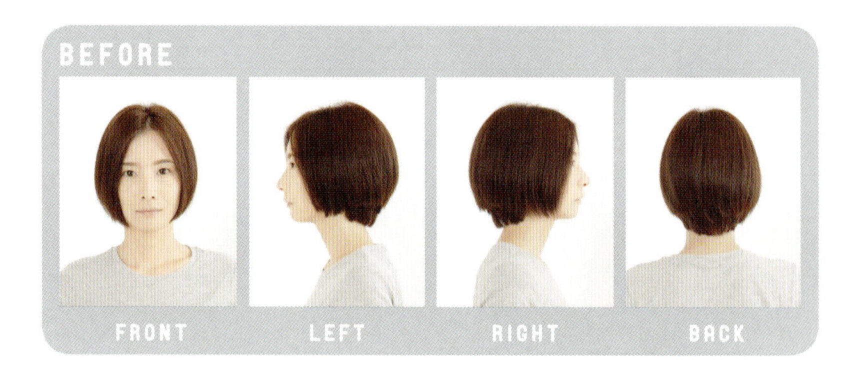

1

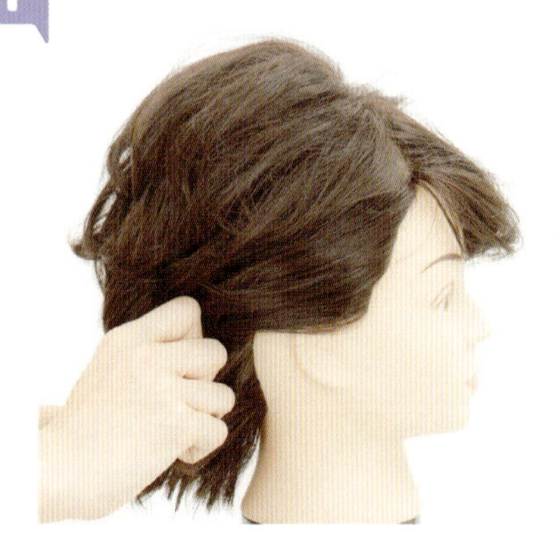

硬めのワックスを髪全体に、しっかりともみ込んでなじませる。特にネープ付近や生え際は、根元から毛先までまんべんなくつける。

2

トップから4センチ四方の毛束をジグザグスライスで分けとる。毛束をねじり込んで、毛先をフロント側に逃がしてピンで留める。

3

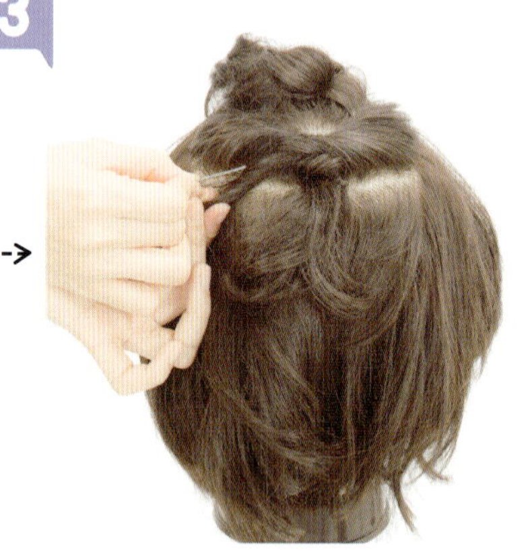

ハチまわりの毛束をV字形に分けとる。センターで左右に分け、それぞれの毛束をバックセンターに向かってねじる。毛束を交差させ、毛先を残してピニング。留める。

くずれないポイント

7

左サイド下段の毛束を後ろに方向づけ、毛先を土台へピニング。その後、耳上の短い髪の部分にはスモールピンを打って固定。右サイド下段の毛束も同様に。

8

左耳後ろの毛束をバックに向かって、リバースにねじる。毛先を残してピンで留める。右耳後ろも同様に。

9

バックに残った毛束を縦3つに分ける。左右の毛束はフォワードで縦巻き。中央の毛束は上下に分け、逆巻きにして外ハネの動きをつける。

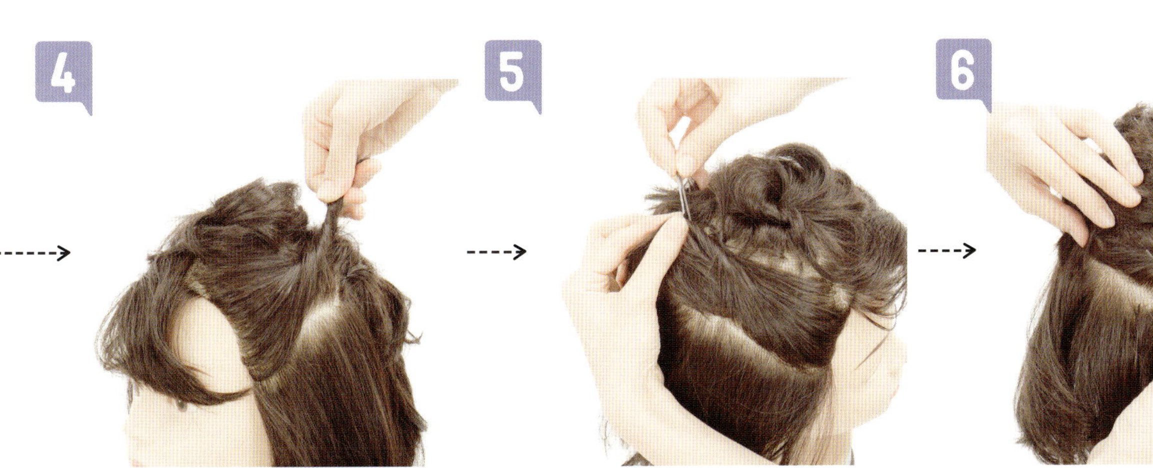

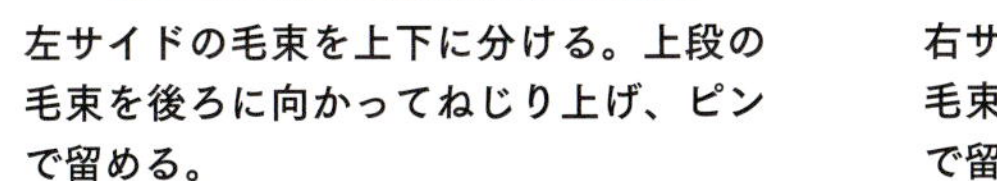

4 左サイドの毛束を上下に分ける。上段の毛束を後ろに向かってねじり上げ、ピンで留める。

5 右サイドの毛束を上下に分ける。上段の毛束を後ろに向かってねじり上げ、ピンで留める。

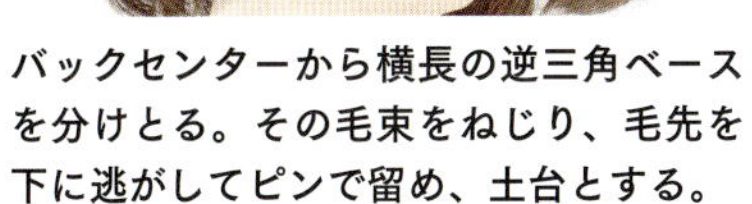

6 バックセンターから横長の逆三角ベースを分けとる。その毛束をねじり、毛先を下に逃がしてピンで留め、土台とする。

10 えりあしの毛束をつまんで、束感をつくりながら外ハネの動きを整える。

11 前髪を左上に方向づけ、内側にねじり込んでピンで留める。残ったうぶ毛は細い束にして整える。

12 バックは毛束を散らしながらスライス線を隠す。必要に応じてスモールピンで毛束を固定する。バランスを見ながら、全体のシルエットを整える。

RECIPE 42

スタイルブック▶55ページへ

TECHNIQUE

かぶせ

PROCESS

1

両サイド、バック上段、バック下段の4つにブロッキング。両サイドはトップポイントと耳上を結ぶイヤーツーイヤーで分ける。バックは耳上のラインで上下に分ける。

くずれないポイント　バックに土台をつくる

2

バック下段に台形ベースの毛束を分けとる。毛束をねじり上げ、ピンで留めて土台とする。土台に短い毛を留めていくことで、くずれにくくなる。

3

左バックの毛束を後ろに方向づけ、ねじって土台に留める。

4

右バックの毛束を後ろに方向づけ、ねじって土台に留める。

5

左サイドの毛束を上下に分ける。下段の毛束を後方にねじり、左耳後ろで留める。

6

右サイドの毛束を上下に分ける。下段の毛束を後方にねじり、右耳後ろで留める。

7

残っている毛束をホットカーラーでリバース・フォワードのミックス巻きに。トップは根元巻きで、立ち上がりをつける。

8

トップの毛束の根元に逆毛を入れてボリュームを出す。

9

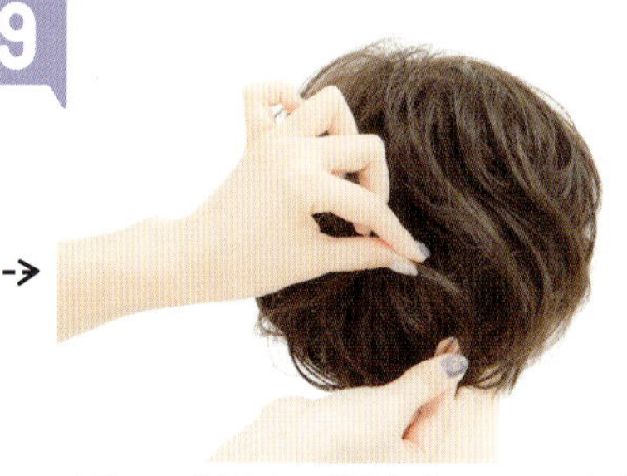

バランスを見て、毛流れとシルエットを整える。

RECIPE 43

スタイルブック▶56ページへ

TECHNIQUE

編み込み

PROCESS

1

トップと両サイドの毛束を分けとる。トップの毛束に逆毛を立て、ボリュームを出す。

くずれないポイント　小さな土台をつくる

2

左耳後ろに逆三角ベースの毛束を小さく分けとる。下方向へねじってピンで留め、土台にする。土台をつくることで、編んだ毛束がしっかりと留まりやすくなる。

3

左フロントから左サイドにかけて裏三つ編み込みにする。

4

編み込んだ毛束は、毛先を残して土台へ留める。

5

②と同様に右耳後ろに逆三角ベースの毛束を分けとり、下方向へねじってピンで留め、土台とする。

6

右フロントから右サイドにかけて裏三つ編み込みにする。そのまま右耳後ろの土台へ毛先を残してピンで留める。

7

編み目から毛束を引き出してゆるめ、やわらかいニュアンスをつける。

8

編み込みのスライス線が出ないように表面の毛束をかぶせてピンで留める。

9

残った毛先をホットカーラーで内巻きにする。

RECIPE 44

スタイルブック▶ 57 ページへ

TECHNIQUE

カール	かぶせ	ツイスト

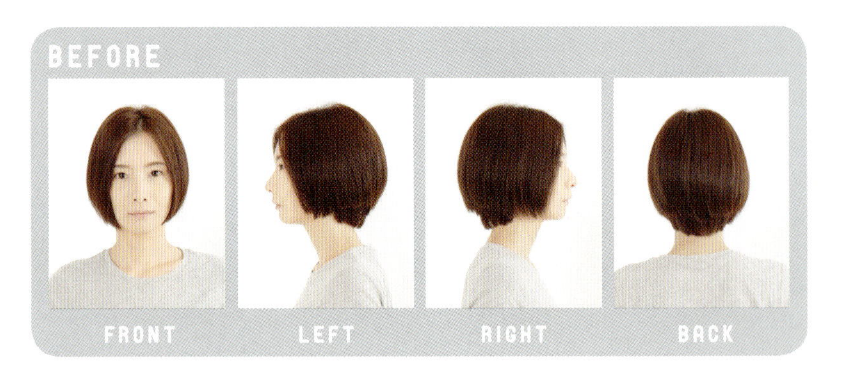

PROCESS

1

硬めのワックスを髪全体に、しっかりともみ込んでなじませる。特にネープ付近や生え際は、根元から毛先までまんべんなくつける。

2

前髪を少し残し、フロントからトップの毛束をざっくりと分けとる。後方に向かってねじり、ピンで留める。

3

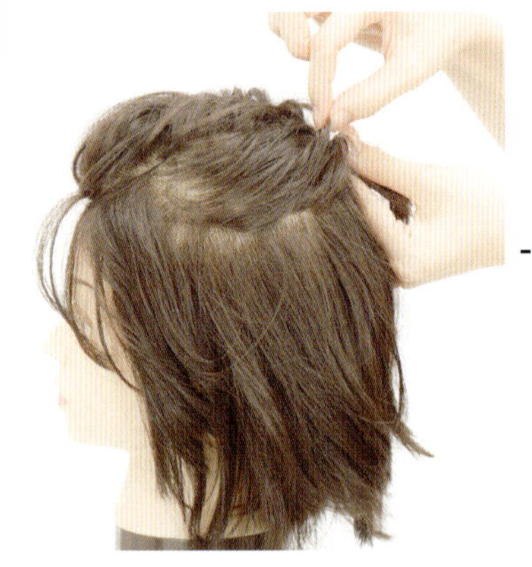

左オーバーの毛束を分けとる。後方に向かってねじり、バックセンターにピンで留める。

くずれないポイント

7 ツイストして短い毛を巻き込む

左サイドの毛束を2つに分け、後方へツイスト。毛先はバックセンターへピニング。ツイストにより、サイドの短い毛が巻き込まれてくずれにくくなる。

8

右サイドの毛束を2つに分ける。分けた毛束をツイストしながら、後ろに方向づける。毛先はバックセンターへピニング。

9

右アンダーの毛束を分けとる。毛束を後方へ向かってねじり、毛先を下に逃がしてバックセンターへピンで留める。左アンダーの毛束も同様に。

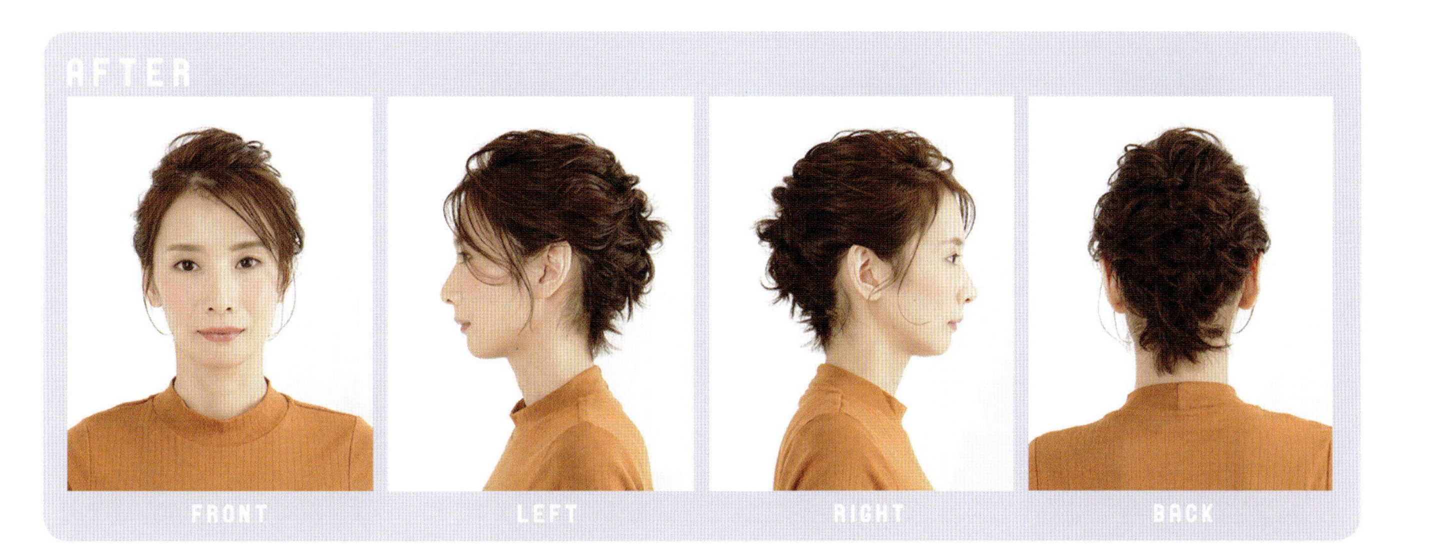

4

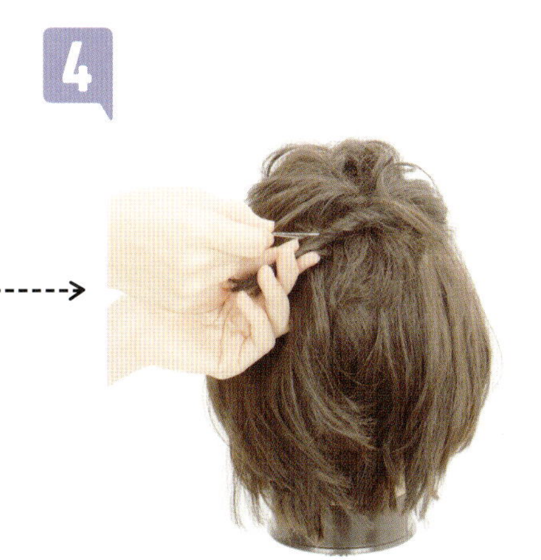

右オーバーの毛束を分けとる。後方に向かってねじり、バックセンターにピンで留める。

5

左ミドルの毛束を分けとる。後方に向かってねじり、バックセンターにピンで留める。

6

右ミドルの毛束を分けとる。後方に向かってねじり、バックセンターにピンで留める。

10

ネープの生え際の毛束を左右に分ける。それぞれの毛束をねじり、毛先を下に逃がしてピンで留める。

11

ねじり目から毛束を引き出し、ルーズなニュアンスをつける。

12

顔まわりの毛束にホットカーラーをリバースに巻き、S字状の動きをつける。

RECIPE 45

スタイルブック▶58ページへ

TECHNIQUE

編み込み	ツイスト

PROCESS

1

トップの毛束に逆毛を立てる。特にフロント付近の根元はしっかりと逆毛を立てる。

2

トップからバックに向かって、毛束をジグザグに分けとりながら表三つ編み込みにする。

3

編み込みにした毛束の毛先をシリコンゴムで結ぶ。

4

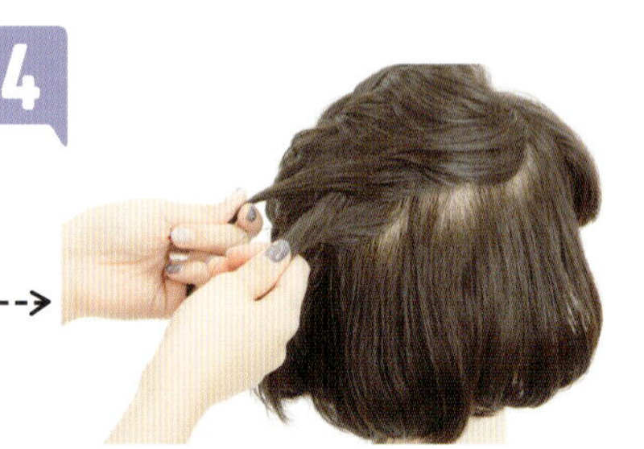

編み込みの右側の毛束を、フロントからバックに向かってツイスト編み込みにする。途中で毛束を引き出し、ルーズなニュアンスをつける。

くずれないポイント ゴムにひっかけてピニング

5

ツイスト編み込みにした毛束を③の結び目に留める。土台がないので、ゴムにピンをひっかけて固定することでツイストがくずれにくくなる。

6

編み込みの左側の毛束を、フロントからバックに向かってツイスト編み込みにする。途中で毛束を引き出し、ルーズなニュアンスをつける。

7

ツイスト編み込みにした毛束を③の結び目に留める。

8

残った毛束をホットカーラーで内巻きにする。サイドはフォワード巻き。

9

表面の毛束を引き出し、毛先が内側に入るように整えつつ、毛束を散らす。

RECIPE 46

スタイルブック▶59ページへ

TECHNIQUE

かぶせ	編み込み

BEFORE

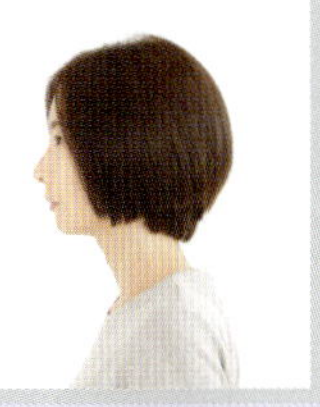

AFTER

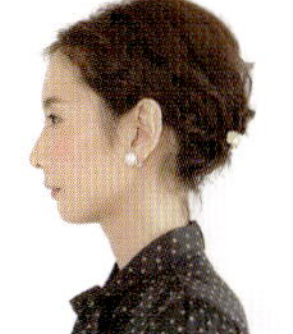

FRONT　LEFT　RIGHT　BACK

PROCESS

1

前髪をセンターパートで分け、トップからぼんのくぼ付近までの毛束を分けとる。いずれもジグザグスライスで分ける。

2

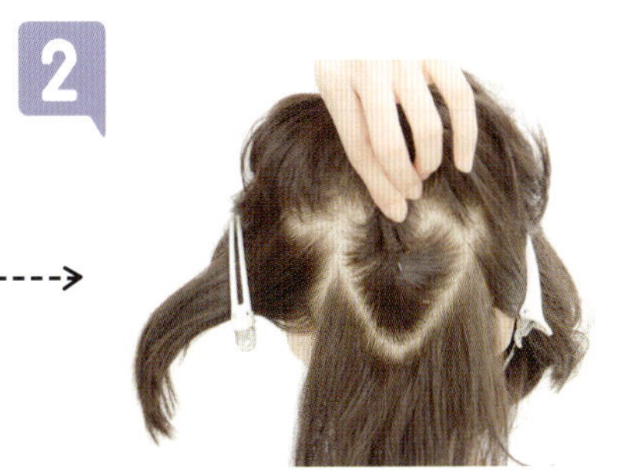

バックに逆三角ベースをとる。毛束をねじり、毛先を丸めてピンで留める。これを土台とする。

3

残ったネープの毛束を左右に分ける。左右の毛束を抱き合わせるようにしてねじり上げ、土台へピンで留める。

4

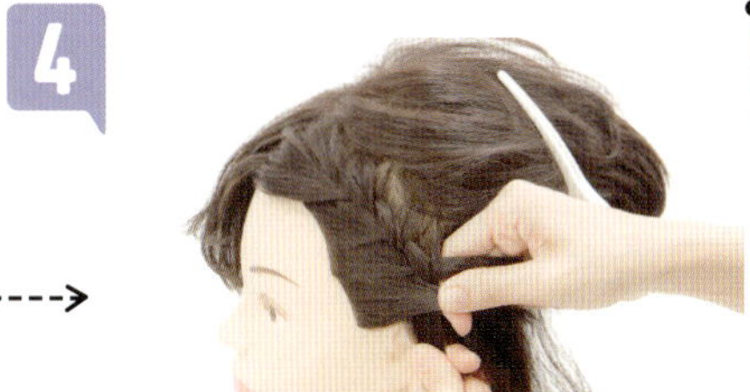

左フロントから左バックに向かって表三つ編み込みにする。毛先まで編み進め、土台へピンで留める。

くずれないポイント 毛束の中間をピンで固定

5

④で編み込んだ毛束は中間をスモールピンで留める。こうすることで短い毛先がしっかりと留まり、くずれにくくなる。右側も④～⑤と同様に施術。

6

トップの毛束を横スライスで４つのパネルに分ける。内側の根元付近に逆毛を立ててボリュームを出す。

7

ボリュームを保ちながらトップの毛束をバックにかぶせる。毛流れが放射状になるよう、コームでとかして整える。

8

毛先をねじって、土台へピンで留める。

9

編み込みとの境目の毛束が浮かないようにスモールピンで留める。

RECIPE 47

スタイルブック▶60ページへ

TECHNIQUE

かぶせ	編み込み	ツイスト

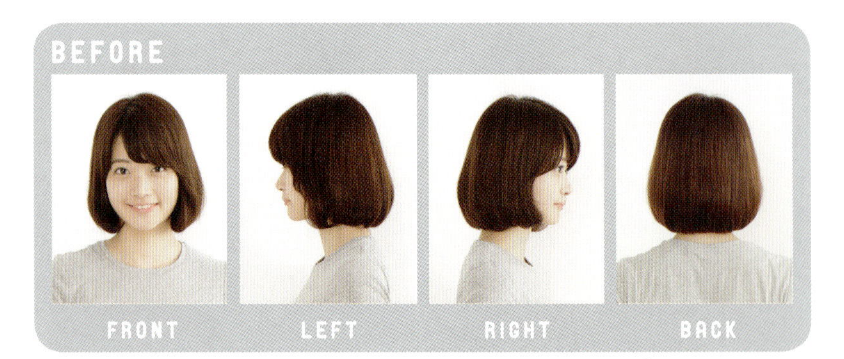

PROCESS

1

トップと両サイドの毛束を分けとる。トップは前後で2つに分けておく。

2

バックに広めの逆三角ベースの毛束を分けとる。毛束をねじり上げ、毛先まで丸め込んでピニング。これを土台とする。

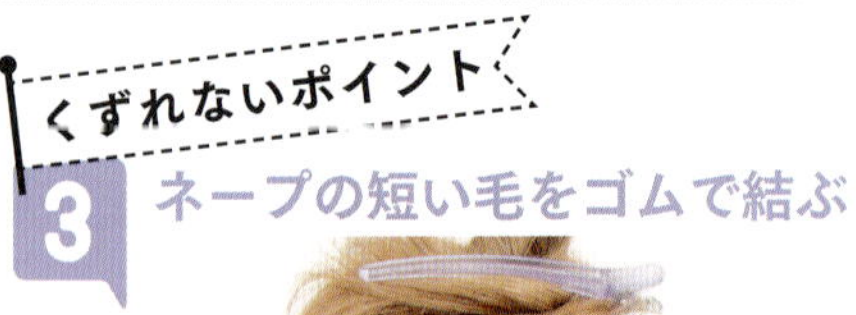

3 ネープの短い毛をゴムで結ぶ

バックの残りの毛束を集め、ゴムで結ぶ。ネープの短い毛をゴムで結んでから土台に留めることで、毛束が落ちずにしっかり留まる。

7

フロント側の毛束は、トップから左バックに向かって表三つ編み込みにする。毛先を土台で留める。

8

左サイドの毛束は後方に向かってツイスト編み込みにする。毛先を土台で留める。

9

右サイドの毛束を上下2段に分け、上段の毛束を後方に向かってツイストする。

③のゴムを下にスライドさせる。

ネープの毛束を持ち上げ、結び目を土台へ留める。

トップの後ろ側の毛束に逆毛を立てる。ふんわり感を保ちながらバックへ方向づけ、ねじって土台へ留める。

ツイストした毛先を土台に留める。

右サイドの残りの毛束をツイスト編み込みにし、土台へ留める。

おくれ毛をホットカーラーで巻く。

RECIPE 48

スタイルブック▶61ページへ

TECHNIQUE

編み込み	ツイスト

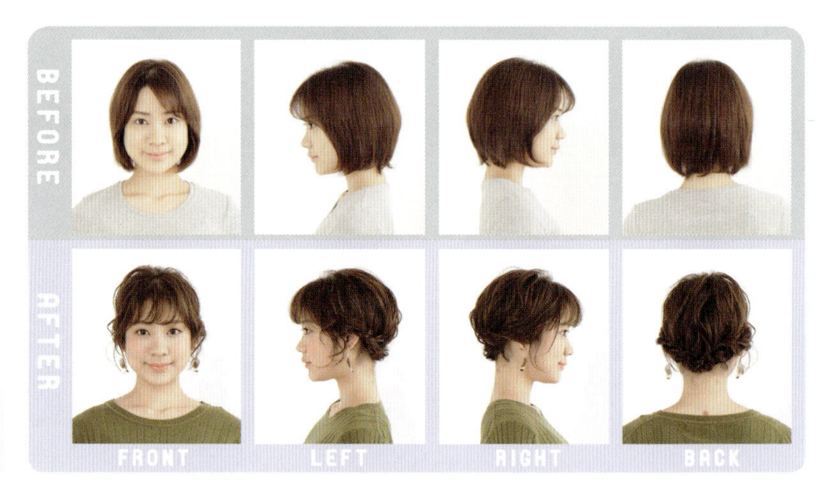

PROCESS

1

トップの中間から根元の内側にざっくりと逆毛を立て、つむじ部分が割れないようにする。

2

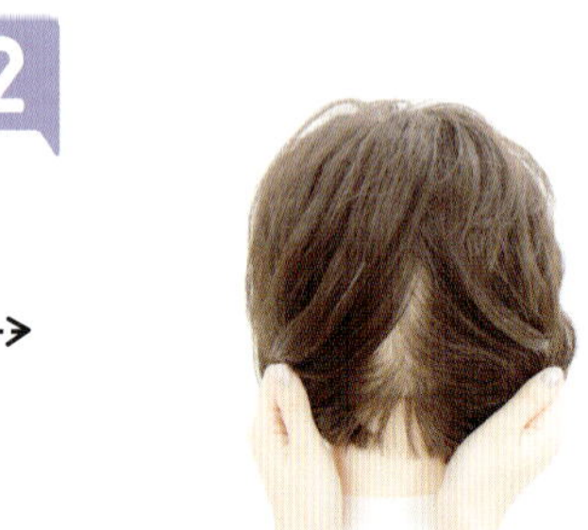

バックの毛束を正中線で左右に分ける。手グシでざっくりと、ジグザグに分ける。

3

右サイドから右ネープに向かってツイスト編み込みにする。この時、トップの毛先も一緒に編み込む。

4

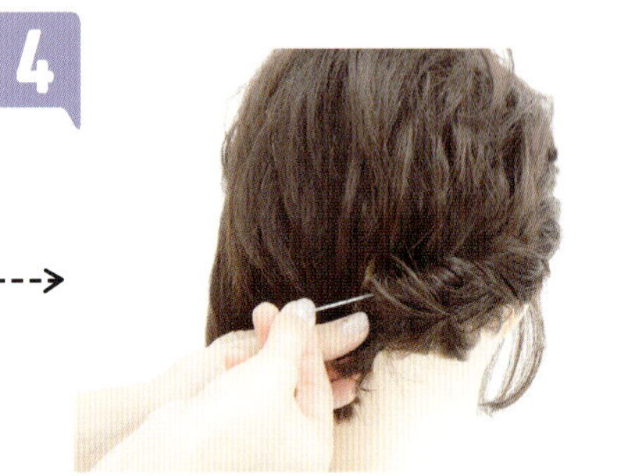

ツイストした毛束をバックセンターで留める。

5

左サイドから左ネープに向かってツイスト編み込みにする。この時、トップの毛先も一緒に編み込む。

6

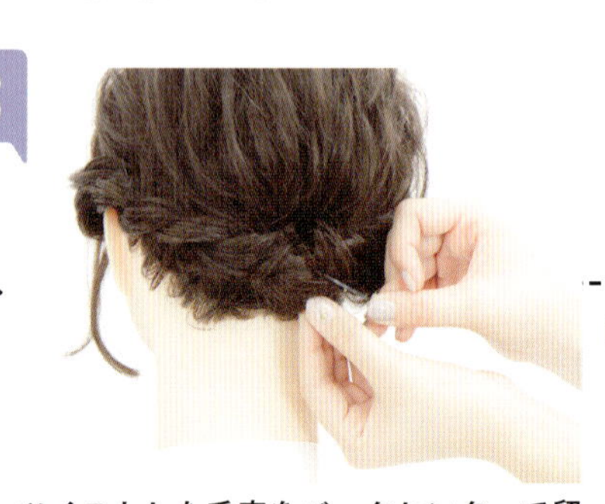

ツイストした毛束をバックセンターで留める。この時、右側でツイストした毛束と交差させる。

7

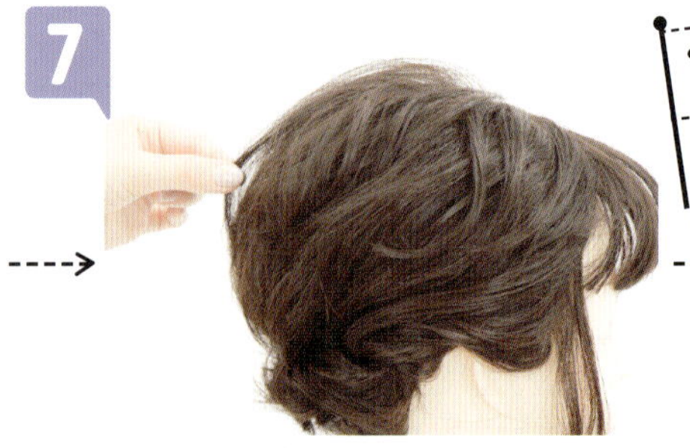

バックトップから毛束をつまんで引き出し、フォルムを整える。

くずれないポイント　すきまをピンで留める

8

正面から見た時、丸みのあるシルエットになるように耳横の編み目から毛束を引き出す。この時、できたすきまをピンで留めると、くずれにくくなる。

9

前髪に透け感をつくるため、上下2段に分けて、表面側となる上段の毛束をホットカーラーで巻く。

生花

リボン

持ち込みヘアアクセ対応アレンジ

髪飾りがわりにと、お客さまがよく持参される「生花」と「リボン」。
シーンに合わせた人気のアレンジ方法を紹介します。

生花を髪飾りにする

Case 1

これから**パーティ！**
このお花を
髪に飾ってください

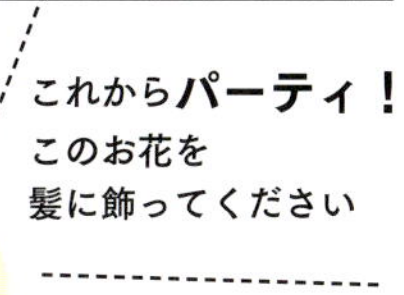

花を主役に、ナチュラルな華やかさを。

たっぷりと花を配して華やかに。
生花のナチュラルさは清々しく、日中のパーティにも○。

1 茎を4センチほど残してカットする。

2 茎を頭皮に沿わせるようにしてさし込む。

3 茎をアメリカピンとネジピンで固定する。

4 バックサイド～ネープに、斜めに花を配置する。メインとする色をひとつ決め、他の色をまわりに配置していく。正面からも花飾りが見えるようにすると良い。

ネジピンをさし込んで茎を固定する。

アメリカピンでネジピンを固定する。

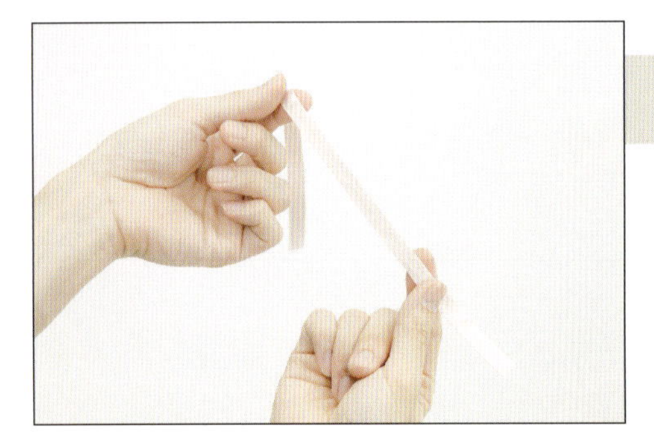

リボンを髪飾りにする

Case 2

結婚式にお呼ばれ。
このリボンを使って！

リボンを結んで、シンプルなアクセントに。

結んだリボンをひとつ、シンプルにあしらう。
華美になりすぎず、品が良いので結婚式のゲストに最適。

1 リボンを蝶々結びにする。リボンの幅や輪の大きさなど、バランスを見ながら結ぶのがポイント。

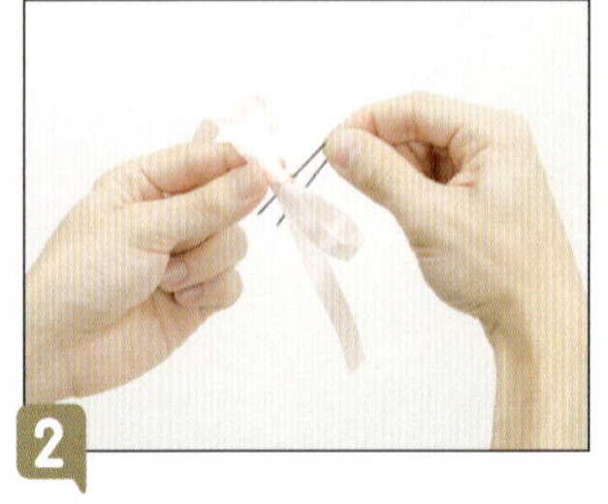

2 ネジピンをリボンの結び目にさし込む。

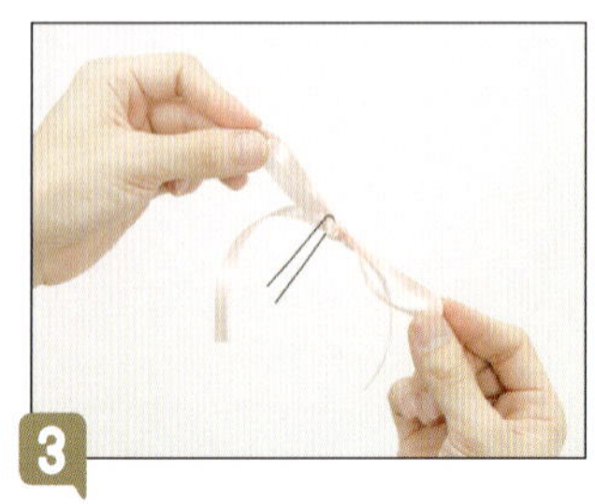

3 リボン飾りが完成。

4 フォルムがくびれている部分に③のピンをさし込み、土台に固定する。

お子さまには小さなリボン

小さいリボン飾りをいくつかつくり、ランダムに配置するとかわいらしい印象に。お子さまにおすすめ。

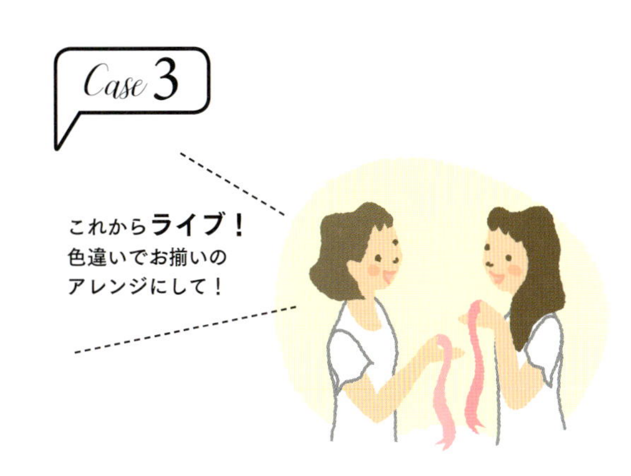

リボンを編み込めば、色や柄をより楽しめる。

編み目ごとにリボンがのぞくので、色みをしっかり強調できる。編み込むことでくずれにくくなり、アクティブな印象に仕上がるからイベントにぴったり。

1 フェイスラインの毛束をとり、3つに分ける。

2 中央の毛束の根元に、2つに折ったリボンをかける。

3 毛束とリボンをアメリカピンで固定する。

4 リボンをそれぞれ左右の毛束と合わせて持つ。

5 リボンと毛束を一緒に表編み込みで編み進める。

6 毛先まで編み終わったら毛先をゴムで結ぶ。

ロング
ミディアム
ショートで
同じスタイルを
つくる

レングス別 セットアレンジテクニック

サロンでオーダー率が高いネープシニヨンのスタイルを、
ロング、ミディアム、ショートの3つのレングスでつくります。
同じ仕上がりでもレングスによってつくり方が違うので、それぞれの対応法を確認しましょう。

レングス別・つくり方ダイジェスト

Long

トップの毛束は深めに分けとり、バックの毛束は一束に結ぶ。

トップは両サイドの毛束と合わせてバックに集める。

サイドとトップを合わせた毛束の毛先とバックの一束を合わせてツイストする。毛束を巻き込んでシニヨン状に。

▶詳しいプロセスは 41 ページへ

Medium

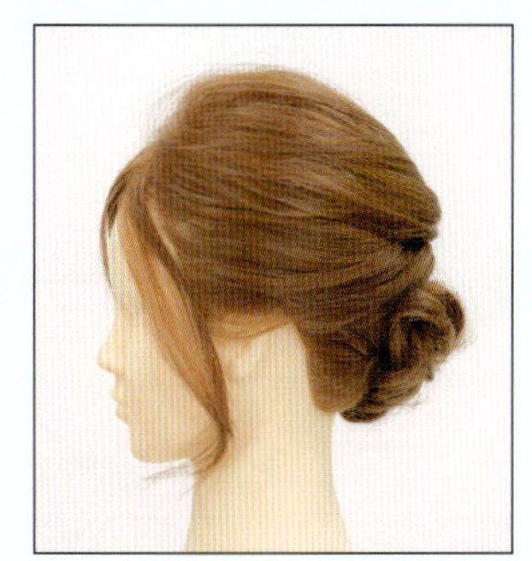

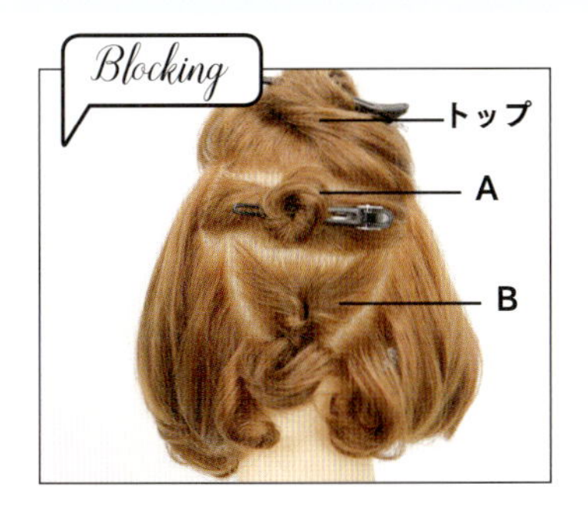

バックは上下２段に分け、アンダー（B）に土台をつくる。

トップの毛束をバック（A）にかぶせ、ねじってピンで留める。

土台に集めた毛束に逆毛を立て、ねじり合わせてシニヨン状に形づける。

▶詳しいプロセスは次ページへ

Short

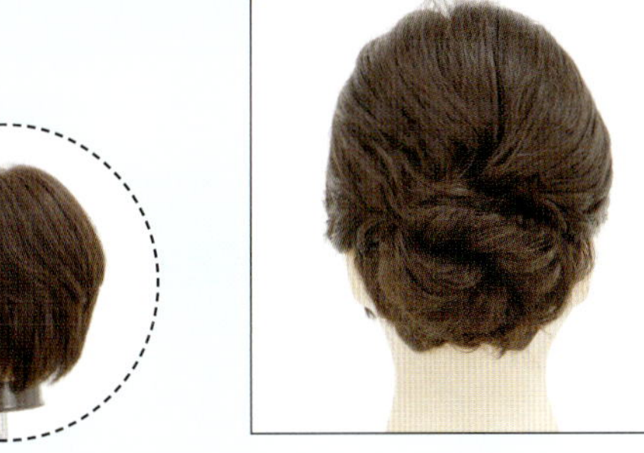

バックのミドルの毛束を分けとり、仮留め。ネープを上げた後にバックの仮留めをはずして、ネープシニヨンをつくるための毛束とする。

トップの毛束は毛流れを整えてバックにかぶせる。短い毛先は留めずに中央に集める。

バックの毛束のみでシニヨンをつくる。小分けにして逆毛を立て、ねじり合わせてシニヨン状に。サイドの毛先は、シニヨンの脇でねじり留める。

▶詳しいプロセスは 87 ページへ

PROCESS

ミディアム

ブロッキング

1

前髪を5センチほど残し、トップと両サイドの毛束を分けとり、バックはぼんのくぼのやや上を目安に上下に分ける。スライスはすべてジグザグにとる。

バック

2

バックのアンダーに、ネープのセンターを頂点とする逆三角形のベースを分けとり、毛先が下に向くようにねじる。毛先を残してシリコンゴムで結び、土台にする。

3

右ネープの毛束を、ネープのセンターに向かってツイスト編みにする。毛先は逃がし、②のゴムにかぶせるようにピニング。反対側も同様にツイストに編んで土台にピニング。

4

オーバーセクションの毛束を左右に2等分し、それぞれねじって交差させる。その後、土台にピニング。

トップ

5

トップの毛束をバックにかぶせてねじり、ぼんのくぼの下でピニング。毛先は逃がす。後頭部に高さが出るよう表面の毛束を細く引き出す。

サイド

6

左サイドの毛束をゆるくツイスト編みにし、バックに重ねて②のゴムの右下でピニングする。反対側も同様に施術し、②のゴムの左下でピニング。いずれも毛先は逃がす。

シニヨンをつくる

7

土台に集まった毛束に逆毛を立てる。少しずつ毛束をとりながら2〜3回に分けて逆毛を立ててボリュームを出す。

8

逆毛を立てた毛束を合わせ持ち、ねじってシニヨン状に整える。途中で表面の毛束を引き出してゆるめ、ルーズなニュアンスをつける。毛先はシリコンゴムで結び、低い位置で内側へ入れ込んでピニング。

仕上げ

9

つっぱり感がある部分は毛束を引き出してゆるくほぐし、全体を整える。

ショート

ブロッキング

1

サイドを生え際から3センチほど残し、耳より少し上の位置まで分けとる。

バック

2

ミドルセクションを逆三角形に分けとり、毛先を上に向けてダッカールで仮留め。

3

ネープのセンターの毛束をねじり上げ、毛先を上に向けてピニング。左右に残ったバック～ネープの毛束は、それぞれ斜めスライスで上下に分ける。

4

下段（ネープ側）の毛束を右、左の順にそれぞれねじってセンターでピニング。左右抱き合わせにする。

5

バック上段の毛束をそれぞれツイストさせる。途中で毛束を細かく引き出してゆるめ、逆サイド側でピニング。

トップ

6

トップの毛束は、厚さ2センチずつのパネルに分け、逆毛を立てる。根元から中間にしっかり逆毛を立てて、ボリュームを出すと同時に、面のつながりを良くする。

7

②で仮留めした毛束を下ろした後、トップの毛流れをコームで整えてバックにかぶせる。

8

右バッグサイドの毛束を斜め下にねじり、毛束を引き出してねじり目をゆるめる。毛先を左寄りの位置にネジピンで留める。

9

左バックサイドの毛束も同様に施術。毛先を右寄りの位置にネジピンで留めて固定する。

シニヨンをつくる

10

残ったミドルの毛束を3つに分け、それぞれに逆毛を立てる。

11

逆毛を立てた3つの毛束を合わせてねじり、シニヨン状に巻き込む。毛先は内側へ入れ込みピニング。

サイド

12

左サイドの毛束をバック側へねじり、毛先はバックのシニヨン部分にスモールピンで固定する。右サイドも同様に施術。

監修者紹介

アトリエはるか

全国に約60店舗展開しているヘアセット&メイクアップの専門店。イベントの前にサッと立ち寄り、短時間で変身できる手軽さが人気で、多くの女性ファンを獲得している。

SPECIAL THANKS

和風館 ICHI／京都丸紅
東京都渋谷区神宮前 6-23-6 浅井ビル 1・2F
TEL.03-3409-8001
http://www.wafukan-ichi.jp

9分で！　くずれない！　セットアレンジ
レシピブック

2017 年 1 月 25 日 初版発行
2017 年 5 月 25 日 第 2 刷発行

定価：本体 3,200 円＋税（スタイルブックとの 2 冊セット）

監修：アトリエはるか
発行人：寺口昇孝
発行所：株式会社女性モード社
本社／〒 161-0033　東京都新宿区下落合 3-15-27
TEL.03-3953-0111　FAX. 03-3953-0118
大阪支社／〒 541-0043　大阪府大阪市中央区高麗橋 1-5-14-603
TEL.06-6222-5129　FAX. 06-6222-5357
http://www.j-mode.co.jp

ブックデザイン＆イラスト：石山沙蘭
印刷・製本：三共グラフィック株式会社